韓国語ソウル方言の平音・激音・濃音の研究

韓 喜善

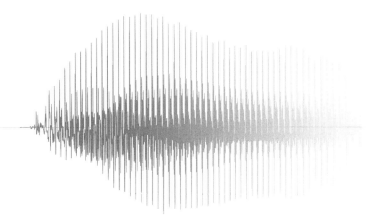

大阪大学出版会

前書き

　本書は、平成27年度大阪大学教員出版支援制度の助成を受け、大阪大学大学院言語文化研究科に提出した博士学位論文を大幅に加筆、修正した上で刊行したものです。

　著者は、大学院在学中よりこれまで、韓国語の平音・激音・濃音と呼ばれる子音の対立を研究対象に、韓国語母語話者がこれらの子音をどのように生成し、またそれらを知覚するかというテーマについて取り組んできました。

　周知の通り、これらの子音の対立は、韓国語音声学の分野において半世紀以上にわたって研究し続けられてきたテーマであり、多くの研究者が取り組んできた大きなテーマです。研究を始めた当初は、この現象は母語話者にとってわかりやすくもあり、すぐに解明できるものと思っていましたが、研究を進めるうち、想像していた以上に手強いテーマと気づきました。これらの子音の対立を音声学的に解明することは非常に難しく、現在も実験調査を行いつつ検討を続けていますが、現在にいたってもなおわからないことが多く、奥の深いテーマであると実感しています。本書における検討が、長く続いてきた研究の歴史に、ほんの少しでも貢献できていれば嬉しく思います。原稿を書く上でも多くの苦悩がありましたが、今後、関連する課題を1つ1つ詳細に検討しながら、解明していきたいと考えています。

　このような未熟な私に、出版の機会を与えていただいた大阪大学大学

院言語文化研究科に深く感謝いたします。とりわけ、大学院在学時より指導教員として親身にかつ辛抱強くご指導くださった同研究科の郡史郎先生、渡部眞一郎先生には、深く御礼申し上げます。また、同研究科においてご指導いただいた上田功先生、難波康治先生にも感謝のことばを述べたいと思います。そして、筆者が参加している近畿音声言語研究会でも多くの有意義な助言をいただくことができました。なお、直接ご報告することは叶いませんが、私がこの世界を志すきっかけをくださった故土岐哲先生にも、この場を借りて御礼申し上げたいと思います。

　これまで長い間物心両面で支えてくださった恩師の村井俊博先生、友人の李真成さんにも深く感謝いたします。

　最後に、これまで静かに見守ってくれた父、母、姉に本書を捧げたいと思います。

韓　喜善(ハン　ヒソン)

書　青原　韓鉉大

目　次

前書き ……………………………………………………………………… iii

第 1 章　研究の背景と目的 …………………………………………… 1
1.1　平音・激音・濃音とは何か ……………………………………… 4
1.1.1　平音・激音・濃音の言語的機能 …………………………… 4
1.1.2　平音・激音・濃音がもたらすイメージ …………………… 5
1.1.3　平音・激音・濃音の使い分けにおける社会言語学的要因の存在 ……… 6

1.2　平音・激音・濃音の音声学研究の現状 ………………………… 7
1.2.1　地域における平音・激音・濃音の音声の違い …………… 7
1.2.2　世代間、性別間における平音・激音・濃音の音声の違い ………… 8
1.2.3　第 2 言語習得研究：日本語母語話者による
　　　　平音・激音・濃音の生成と知覚 ……………………………… 10
1.2.4　話速 ……………………………………………………………… 13
1.2.5　文中の位置 ……………………………………………………… 14
1.2.6　フォーカス ……………………………………………………… 15

1.3　本研究で扱う内容 ………………………………………………… 16

第 2 章　子音部の検討 1　　　　　　　　　　　　　　　　19
　　　　　　RVOWT の導入による総合的検討

2.1　先行研究 ……………………………………………………… 19

2.2　VOT（Voice Onset Time）の再検討と RVOWT（Release to Vowel Onset Time）の提案 ……………………………………… 21

2.3　生成実験 ……………………………………………………… 23
　2.3.1　実験の手順 ………………………………………………… 23
　2.3.2　結果 ………………………………………………………… 25

2.4　語頭に関する知覚実験 ……………………………………… 27
　2.4.1　実験の手順 ………………………………………………… 28
　2.4.2　結果 ………………………………………………………… 32

2.5　語中の母音間に関する知覚実験 …………………………… 37
　2.5.1　実験の手順 ………………………………………………… 37
　2.5.2　結果 ………………………………………………………… 41

2.6　考察 …………………………………………………………… 46

第 3 章　子音部の検討 2　　　　　　　　　　　　　　　　49
　　　　　　閉鎖区間長と摩擦区間長

3.1　先行研究 ……………………………………………………… 49

3.2　生成実験 ……………………………………………………… 51
　3.2.1　実験の手順 ………………………………………………… 51
　3.2.2　結果 ………………………………………………………… 52

3.3　知覚実験 ……………………………………………………………… 56
　3.3.1　実験手順 …………………………………………………………… 56
　3.3.2　結果 ………………………………………………………………… 58

3.4　考察 …………………………………………………………………… 62

第 4 章　母音部の検討 1 …………………………………………… 65
母音の長さ

4.1　先行研究 ……………………………………………………………… 65

4.2　生成実験 ……………………………………………………………… 66
　4.2.1　実験の手順 ………………………………………………………… 66
　4.2.2　結果 ………………………………………………………………… 67

4.3　知覚実験 ……………………………………………………………… 72
　4.3.1　実験の手順 ………………………………………………………… 72
　4.3.2　結果 ………………………………………………………………… 74

4.4　考察 …………………………………………………………………… 75

第 5 章　母音部の検討 2 …………………………………………… 77
後続母音の開始部

5.1　先行研究 ……………………………………………………………… 77

5.2　知覚実験 ……………………………………………………………… 80
　5.2.1　実験の手順 ………………………………………………………… 80
　5.2.2　結果 ………………………………………………………………… 81

5.3　考察 …………………………………………………………………… 85

第 6 章　母音部の検討 3
後続母音の高さ

6.1　先行研究 ··· 87

6.2　生成実験 ··· 89
6.2.1　実験の手順 ·· 89
6.2.2　結果 ··· 91

6.3　知覚実験 ··· 98
6.3.1　実験の手順 ·· 98
6.3.2　結果 ·· 101

6.4　考察 ·· 102

第 7 章　母音部の検討 4
母音における強さ、フォルマントの時間的変化

7.1　先行研究 ·· 108

7.2　実験の手順 ·· 109

7.3　結果 ·· 112
7.3.1　母音の強さの時間的変化 ······························ 112
7.3.2　母音のフォルマント周波数の時間的変化 ······ 119

7.4　考察 ·· 125
7.4.1　後続母音の強さの時間的変化 ······················· 126
7.4.2　後続母音のフォルマント周波数の時間的変化 ···· 126

第 8 章　結論　……………………………………………………… 129
平音・激音・濃音の知覚判断に関わる音響的特徴とは

参考文献 ……………………………………………………………………… 137

English Summary
A phonetic study of lax, aspirated, tense consonants in Seoul Korean …… 149

索引 ………………………………………………………………………… 155

第1章　研究の背景と目的

　初めて韓国語の入門書を開いて、すぐ目につくのは「平音」「激音」「濃音」という聞きなれない用語である。「平音」「激音」「濃音」について、語学の入門書には一般的に以下のような説明がなされている[(1)]。

　　平音は、日本語のカ行、パ行、タ行（タ、チ、テ、ト）、およびチャ、チュ、チョ等の子音と同じような発音で、語頭では軽い息を伴う清音で発音され、語中では濁音として発音される（以下、有声音化と称する）ことがある。激音は日本語のカ行、パ行、タ行（タ、チ、テ、ト）、およびチャ、チュ、チョ等の子音と同じような発音で、息を強く出しながら発音する。濃音は日本語の小さい「つ」（以下、促音と称する。）の後に続くカ行、パ行、タ行（タ、チ、テ、ト）、チャ、チュ、チョ、サ行等の子音と同じような発音で、息を出さないように、喉をつめるように発音する。

　しかし、実際の教育現場では、上記のような説明では学習者は簡単に納得しないことが多い。語頭の「平音」については、息が強く聞こえ、激音との聞き分けが難しいという意見がある。また、語中で有声音の間

に挟まれた平音が有声音化するといっても、日本語の濁音ほどには濁って聞こえず、どちらかというと清音のままに聞こえるという学習者がいる。一方、「激音」についても語頭以外の音環境では語頭ほど息が強く聞こえず、激音かどうか迷ってしまうという学習者や、「濃音」が促音の後のカ行、パ行、タ行、チャ、チュ、チョのように聞こえないという学習者もいる。これは、促音に後続する音声が常に無気音の状態で発音されるとは限らず、息を出して発音することも可能であるためであろう。あるいは閉鎖区間の長さが促音と濃音のそれとでは異なるためかもしれない。

さらに、日本語のサ行音と同じような調音様式で発音される韓国語の摩擦音についても、「濃音」と「濃音以外の音」の2つの音が存在するが、摩擦音は音の性質上、息を伴って発音されるため、摩擦音の「濃音」では、カ行、パ行、タ行、チャ、チュ、チョの子音のときのように、「息を出さないように」という説明は実際の発音の仕方と矛盾することになってしまう。

このようなことを考慮すると、冒頭に述べた説明だけでは、「平音」「激音」「濃音」がどのような音であるのか、またどのように発音すれば良いのかを的確に伝えることはできない。そのイメージを明確に掴めないまま、とまどう学習者も少なくないだろうが、これは当然な結果と言えよう。

筆者がこのテーマに取り組んだのは、まさにこの「平音」「激音」「濃音」を外国語教育の現場で適切な説明ができるようにしたいとの思いからであった。しかしながら、「平音」「激音」「濃音」は半世紀以上研究されてきたテーマであるにもかかわらず、その音声学的全体像の解明に至っていないという難問である。3種類以上の子音の対立は他の言語（タイ語、ヒンディー語など）にも見られるが、韓国語におけるこれらの子音の対立は、語頭において無声となっている点において、独特と言

える。そのため、韓国語の音声研究の中で、「平音」「激音」「濃音」の対立に関する研究は特に盛んに行われており、これまで多くの検討がなされてきた。しかし、「平音」「激音」「濃音」の知覚判断が、結局何によって行われているかについては、未だ明らかにされていない。

　日本語、英語、中国語、ロシア語、ベトナム語、トルコ語等を母語とする話者にとって、「平音」「激音」「濃音」の弁別は困難であるとされる（한他2003等）。そのため、外国語としての韓国語教育への貢献を考えるとき、まず韓国語母語話者が「平音」「激音」「濃音」をどのように生成し、聞き分けているのかを明らかにするための基礎研究を積み重ねることには大きな意義がある。

　そのため筆者は、まずソウル方言話者を対象に「平音」「激音」「濃音」に関する物理的実体を調査するとともに、ソウル方言話者がどのような音響的特徴に注目してそれらの知覚判断を行っているかを調査することにし、この9年間、このテーマに絞って研究を進めてきた。その成果として、本書では、ソウル方言話者がソウル方言における「平音」「激音」「濃音」の3つの子音の違いをどのように生成し知覚判断するかについて網羅的に検討を行い、知覚判断の音響的手がかりを明らかにしようと試みた。

　この本で得た結果は、必ずしもそのまま教育現場につながるわけではないが、実験室的手法を用い、20-30代のソウル方言話者による上記音声の全体像を物理的に明確にすることによって、これまで経験的に語られてきた平音、激音、濃音の生成および知覚判断の難しさについて、客観的な検討を行うための基盤を築くことをこの研究の主たる目標とした。それが、結果的に外国語母語話者による外国語としての「平音」「激音」「濃音」の生成および知覚判断を検討する際に、ソウル方言話者のそれとの比較のための基礎的資料を提供することにつながると考えている。

1.1 平音・激音・濃音とは何か

現代韓国語ソウル方言の(両唇、歯茎、軟口蓋)破裂音、および歯茎硬口蓋破擦音には、平音・激音・濃音の対立があり、歯茎摩擦音[2]においては濃音と濃音以外の音の対立をなしているが、これら3種類あるいは2種類の子音の対立は、韓国語の19の子音[3]のうち14、すなわち大半の子音において見られる現象である。本書では、この平音、激音、濃音の3つの子音の違いを「子音種」の違いと呼ぶことにする。また、歯茎摩擦音/s/に関しては、濃音でないものを平音として扱う立場(Cho et al. 2002等)と激音として扱う立場(Kagaya 1974等)があるが、本書ではそのような区別の仕方をせず「非濃音」と称することにする。

現代韓国語ソウル方言では、平音・激音・濃音は母語話者に異なる音素として認識されている。しかし、通時的には常に平音・激音・濃音の存在が認められてきたわけではない。10世紀の古代朝鮮語には平音の存在が認められているが、激音については、その存在を認める説(이 1998: pp. 81-83)と認めない説(박 1989: pp. 56-57)に分かれている。古代朝鮮語における濃音については、その存在を否定する見方(박 1989、이 1998)で一致している。このように、激音と濃音に関しては、その起源についても諸説があり、一致した見解は得られていないが、現代韓国語ソウル方言においては平音・激音・濃音は明らかに対立をなしており、個々の音のもたらすイメージによる違いや、それらの使い分けにおける社会言語学的要因の存在が指摘されている(오정란 2009)。

1.1.1 平音・激音・濃音の言語的機能

平音・激音・濃音は、語の弁別という機能を持つ。表1に示した平音・

表1　平音・激音・濃音によって意味上の対立が表される語

	破裂音			破擦音	摩擦音
	両唇	歯茎	軟口蓋	歯茎硬口蓋	歯茎
平音	불 /pul/ 火	달 /tal/ 月	굴 /kul/ 洞窟、牡蠣	짐 /tsim/ 荷物	살 /sal/ 身体の肉
激音	풀 /pʰul/ 草	탈 /tʰal/ お面	쿨 /kʰul/ cool$^{(4)}$	침 /tsʰim/ 唾、針	
濃音	뿔 /p'ul/ 角	딸 /t'al/ 娘	꿀 /k'ul/ 蜂蜜	찜 /ts'im/ 蒸し料理	쌀 /s'al/ 米

　激音・濃音の有意味語の対立の例のように、同一音環境において平音・激音・濃音を入れ替えると異なる語となり、指示する対象が変わる。

1.1.2　平音・激音・濃音がもたらすイメージ

　韓国語は音象徴に関する語彙が発達した言語である。音象徴語は、自然界の音、物事の状態や動きなどをその言語に存在する音韻で表すものである。その際、母語話者間で心理的に共有している音に対する感覚が反映される。その例としてオノマトペを取り上げると、語感の差を生み出すという面においては、母音の交換とともに、平音・激音・濃音の子音の交換が果たす役割は大きい。野間（1990）は、1音節の音を反復した2音節のオノマトペについて、一般に以下の順で意味がより強く、あるいは激しくなると述べている。

例1　くるくる回るさま：（平音）뱅뱅 /pɛŋpɛŋ/ →（濃音）뺑뺑 /p'ɛŋp'ɛŋ/ →（激音）팽팽 /pʰɛŋpʰɛŋ/

　また、青山（1977）は、平音・激音・濃音の交替について、「比較的

緩慢な音には無気音（平音）が、硬質の物体が発するように澄んだ鋭い音には濃音が、重い物体が発するような鈍い音には有気音が用いられる傾向がある」と述べており、子音交替には微妙なニュアンスを表す機能があると指摘している。以下の例のように、子音の交替によって擬音語を細かく表現することができる。

例2　광/kwaŋ/（カーン）、꽝/k'waŋ/（ガーン）、쾅/kʰwaŋ/（ドガーン）

　このように、平音・激音・濃音は、韓国語のオノマトペが繊細な語感を持ち、それによって多彩な意味や細やかな心理描写を表すのに大きく寄与していると言える。

1.1.3　平音・激音・濃音の使い分けにおける社会言語学的要因の存在

　表記上では平音である語が、自然発話においては濃音として発音されることがよくある。

例　중국（中国）/tsuŋkuk/ → [tɕ'uŋguk]⁽⁵⁾、버스（バス）/pʌsɯ/ → [p'ʌsɯ]、조금（少し）/tsokɯm/ → [tɕ'ogɯm]、곰장어（うなぎ）/komtsaŋʌ/ → [k'omdʑaŋʌ]

　現代のソウル方言では、平音を濃音として発音する現象が増えてきていると言われる。이（2009）によると、20-70代のソウル方言話者の平音の濃音化について調査したところ、若い世代になるにつれ、平音の濃音化の傾向が強いという。

　オノマトペに限らず、一般の語彙に関しても、平音の濃音化は表現の強化であるという指摘がなされている。오정란（2009）は、濃音の社会言語学的機能について論じ、話者の意志を相手により明確に強く与えよ

うとする心理的欲求が平音の濃音化を引き起こすと述べ、現代社会において平音の濃音化は今後も増えていくものと予測している。また、濃音を用いるのは、濃音の鋭利な音感が語の強調という社会心理学的機能として効果を持つためと述べている。濃音に関しては、語の弁別にとどまらず、自分の意志を相手により強く伝える手段としての機能も備えているとされる。

以上のように、韓国語母語話者にはその存在および機能が明確に認知されている平音・激音・濃音であるが、これらが物理的にどのような音声的特徴を持ち、どのように知覚判断がなされているかについては、未だ明らかにされていない。本書では、平音・激音・濃音について音響音声学的および聴覚音声学的視点から検討を行い、そこから得られた結果について、さらに調音音声学的な分析を加えて平音・激音・濃音の音声学的違いを明らかにすることをめざして調査を行う。

その前に、平音、激音、濃音に関する音声学的検討が他にどのような視点からなされているかを概観してみよう。

1.2 平音・激音・濃音の音声学研究の現状

1.2.1 地域における平音・激音・濃音の音声の違い

Cho et al.（2002）は、ソウル特別市と済州道の2つの地域における語頭の平音、激音、濃音の音声上の異同について調査を行い、有声開始時間（VOT）、子音部の破裂時の強さ、基本周波数（F0）、第1倍音と第2倍音の振幅の差、第1倍音と第2フォルマントの振幅の差を対象項目として検討を行った。ほとんどの検討項目において両地域とも同一の結果を示したが、VOTについてはソウル方言は済州方言に比べて子音

種間でのVOTの差が大きく、特に平音のVOTは済州方言より長いとした。しかし、2つの地域にはそれほど顕著な違いはなく、子音の区別の仕方も同じであるという見解を示している。

　Choi（2002）は、ソウル特別市と全羅南道の2つの地域について、語頭平音、激音、濃音におけるVOTとF0の子音種間での関わり方を検討した。ソウル方言ではVOT、F0ともに3つの領域に分かれているのに対し、全羅南道方言ではVOT、F0ともに2つの領域に分けられることを示した。この結果が示唆することとして、地域による語頭の平音、激音、濃音の判断における音響的手がかりの関わり方の違いに言及している。

　Kenstowicz and Park（2006）は慶尚道の地域の方言における語頭の平音、激音、濃音のそれぞれのF0について子音種間で比較を行った。Cho et al.（2002）と同様、平音が低く、濃音と激音が高いという結果を得たが、慶尚道の地域の方言には語ごとに示差的アクセントが存在するため、F0は平音、激音、濃音の区別においてソウル方言よりも有効な音響的手がかりとして働く可能性を述べている。

　このように、平音、激音、濃音は地域によってその音響的特徴に相違があり、それに伴って知覚判断にも相違があるという見解がある。このことは、地域間で一見一致したかのような結果が得られたとしても、その方言ならではの他の要素も考慮する必要性を示唆している。したがって、ある特定の地域における平音、激音、濃音の結果をそのまま別の地域に適応することはできないことがわかる。

1.2.2　世代間、性別間における平音・激音・濃音の音声の違い

　Silva（2006a）では、20-50代のソウル方言話者34名（男性15名、女性19名）を対象に、(両唇、歯茎、軟口蓋) 破裂音の平音・激音・濃

音を語頭に含む 3 音節語のテスト語を生成させ、性別間、世代間での比較を行った。実験の結果、濃音の VOT は世代と性別に関係なく、同一であった。ところが、平音と激音の VOT の差については、被験者の出生年が 1970 年を境界にして、性別による差が見られた。1970 年以前に生まれた世代では女性（29ms）のほうが男性（12ms）よりその差が大きかったが、1970 年以後に生まれた世代では性別間での差がなかったとし、これは、平音と激音の区別に VOT は影響しなくなったことを意味すると述べている。

一方、Oh（2011）では、10-30 代のソウル方言話者 38 名（男性 19 名、女性 19 名）を対象に、破裂音の平音・激音・濃音を語頭に含む 1 音節語のテスト語についてキャリア文（carrier sentence：テスト語を含んだ文）がある場合とない場合の 2 つのパターンを生成させ、性別間での比較を行った。実験の結果、濃音の VOT については性別に関係なく、同一であり、Silva（2006a）と一致する。ところが、激音については女性が男性より激音の VOT が短く、平音と激音の VOT の差は男性より小さいという結果を得た。Oh（2011）の実験に参加した被験者は 1970 年以後に生まれた者とされ、Silva（2006a）とは一致しない。これら 2 つの先行研究からだけでは、韓国語の平音と激音の VOT は性別差についてははっきりしない。平音と激音の VOT の差については男女差というより個人差という見方のほうが現時点では妥当であるように見える。

ところが、この 2 つの研究は平音の VOT が濃音の VOT と重複しないという点では一致している。1960 年代の研究（Lisker and Abramson 1964、Kim 1965、梅田・梅田 1965 等）の全ての結果において、平音のVOT は濃音の VOT と重複するほど短いとされている。したがって、通時的な変化という Silva（2006a）の見解には説得力があると考えられる。

1.2.3 第 2 言語習得研究：日本語母語話者による平音・激音・濃音の生成と知覚

　梅田（1973, 1997）、宇都木（2009）は、韓国語と日本語における子音の対立の仕方の違いにより、両言語の母語話者が、相互の言語の子音を習得することは容易ではないと指摘している。本項では、日本語を母語とし韓国語を学習する者（以下、「学習者」と称する）による平音、激音、濃音の生成と知覚について調査した研究を概観する。

　語頭における平音、激音、濃音の生成については、召他（2002）が、韓国語学習歴が 1 年以下で韓国滞在期間が 1 年以下の学習者 8 名（19-33 歳までの女性 6 名と男性 2 名）を対象に、語頭における平音・激音・濃音の生成実験を行っている。テスト語は、語頭に平音・激音・濃音を含む 1 音節の有意味語ないしは無意味語の 140 語である。実験は、学習者が生成したテスト語が意図した語として聞こえるかどうかを著者 3 名が判断するという方法で行った。実験の結果、学習者による平音、激音、濃音を含む音声のほぼ 50%が意図した音声とは判断されなかった。古閑（2004）は、日本の大学で韓国語専門に学習した 2-3 年生の学習者 6 名と韓国語母語話者 4 名を対象に、/ta/, /ka/, /tʰa/, /kʰa/, /t'a/, /k'a/ の 6 つのテスト語をキャリア文に埋め込んでそれぞれ 5 回ずつ発音させたのち、参加者全員の音声を参加者全員に聞かせ、平音・激音・濃音の知覚判断を行わせる実験を行った。その結果、召他（2002）同様、日本人学習者による音声は、韓国語母語話者には約 50%しか意図した音声と判断されないという結果を得、生成が困難であることがわかる。

　召他（2002）では、生成実験に参加した同一の被験者を対象に語頭における平音・激音・濃音の知覚判断に関する実験も行っている。著者の 1 人が発音した音声を用い、平音・激音・濃音を語頭に含む 1 音節の有意味語ないしは無意味語の 140 語について調査したところ、学習者はそ

の 60％程度を正しく判断していた。古閑（2004）も、生成実験に参加した同一の被験者を対象に平音、激音、濃音を語頭に含めた /ta/, /tʰa/, /t'a/, /tsa/, /tsʰa/, /ts'a/ の 6 つの 1 音節のテスト語を正しく聞き分けることができるかを検討した。その結果、正答率は 70％であった。Kim and Kim（2010）は、/ta/, /tʰa/ の 2 つのテスト語について韓国の大学の語学コースで 3 ヶ月–5 年以上の学習期間を有する 26 名の学習者を対象に調査を行い、その正答率は約 90％であった。このように、学習者による語頭の平音、激音、濃音の判断は、研究によって程度の差はあるものの可能であるように見える。

　一方、語頭における平音・激音・濃音の知覚判断において、学習者が韓国語母語話者と異なる判断基準を適用しているという報告も見られる。Kim and Kim（2010）では、語頭の平音語と激音語（/ta/, /tʰa/）の 2 つのテスト語を使用し、F0 と VOT が平音と激音の判断におよぼす影響について調査した。刺激音は、韓国語母語話者の男性 2 名（I、K）による 2 回の発話を刺激音の素材とし、VOT はそのままで、平音の F0 を激音の F0 と同等に高く、激音の F0 を平音の F0 相当に低く変更した刺激音を作成した。平音と激音の VOT の差は、I の音声では 69ms、50ms と大きく、K の音声では 12ms、30ms と小さかった。作成した刺激音を、ソウル出身の韓国語母語話者（24 名）と学習者（26 名）に聞かせた結果、ソウル方言者は、I の音声については VOT と F0 の両方ともに手がかりにする傾向が見られたが、K の音声については F0 のみを手がかりにする傾向が見られた。しかし、学習者は常に VOT を手がかりにした形で語頭の平音と激音の知覚判断を行っていた。Han（2015）においては、韓国語母語話者と学習者とで F0 による平音・激音・濃音の判断の影響を比較した。実験では、/ta/, /tʰa/, /t'a/, /tsa/, /tsʰa/, /ts'a/, /sa/, /s'a/ の 8 つの素材音声を、それぞれ F0 を変えて刺激音を作成した。平音語（/ta/, /tsa/）と激音語（/tʰa/, /tsʰa/）から作られた刺激音では、韓国語

母語話者はF0が高いと激音として、F0が低いと平音として判断していたが、学習者ではF0の影響は低かった。しかし、濃音語（/t'a/, /ts'a/, /s'a/）と摩擦非濃音語（/sa/）から作られた刺激音については、韓国語母語話者がF0の影響を受けず常に本来の音声として判断していたのに対し、学習者にはF0の影響が見られ、F0が高い刺激音については、濃音、激音と判断していた。学習者の平音・激音・濃音の判断については、上級学習レベルに達しても母語話者と同一の判断には至っておらず、その意味で習得の困難な項目であることがあらためて明らかになった。

以上のように、学習者にとって、平音・激音・濃音の生成が困難であることは明らかである。知覚判断については学習者でも一見判断が可能であるように見えるが、韓国語母語話者とは異なる判断の仕方をしていることがわかった。

語中の母音間における、学習者による平音、激音、濃音の生成と知覚については、古閑（2004）が語頭と同一被験者を対象に調査を行っている。古閑は、6つのテスト語（/ata/, /aka/, /at^{h}a/, /ak^{h}a/, /at'a/, /ak'a/）を調査した結果、学習者が生成した音声のほとんどが意図した音声として韓国語母語話者に判断され、韓国語母語話者による音声を意図した子音として判断することができることを示し、語中の学習は語頭に比べて容易であると述べている。

以上の研究結果に対し、著者は、これまで扱われることのなかった語中の摩擦音について、生成については韓（2010）、知覚については韓（2011）において、ともに学習が困難であることを示した。これらの研究では、非濃音/asa/と濃音/as'a/の2つのテスト語について、初級10名、上級10名の学習者と韓国語母語話者10-11名を協力者として実験を行った。実験の結果、韓国語母語話者は学習者の音声については摩擦区間の長いものを濃音として知覚判断していたが、その中には摩擦区間が長いにもかかわらず、濃音として判定しなかったことを示すデータも

存在した。知覚実験については、2つのテスト語（/asa/, /as'a/）のそれぞれの摩擦区間長、先行母音長を段階的に変えてその影響について調査を行った。全被験者が摩擦区間長を非濃音と濃音の区別する音響的手がかりとする点では一致したが、学習者は学習レベルに関係なく、韓国語母語話者より摩擦区間長への依存度が高いという結果であった。生成実験と知覚実験がともに示唆することは、韓国語母語話者は濃音か非濃音かの聞き分けにおいて摩擦区間長以外の要因にも注目していることを示すが、学習者は、語頭と同様に上級学習レベルに達しても韓国語母語話者と同一の判断には至らないということである。このように、語中の母音間においても平音、激音、濃音の音声の習得が困難な項目であることが明らかになった。

1.2.4　話速

　서(2002)と오은진(2009)は、平音・激音・濃音のそれぞれのVOTが話速（遅い、普通、早いの3種類）によってどのように変化するかを調査した。これら2つの研究は、話速が早いほど、平音・激音・濃音のVOTが短くなるという点で一致する。また、오은진(2009)では平音のVOTは話速が速くなるほど、激音のVOTと重複しやすい傾向が見られるが、濃音のVOTは平音と激音のVOTに比べて話速によるVOTの変化が小さく、平音と激音のVOTと重複はないとしている。ところが、同じように3種類の子音の対立を持つタイ語では話速が変わっても3種類の子音の間でVOTに重複が起きていないと述べ、その理由として、タイ語ではVOTによって3種類の子音の対立がなされているため、それぞれが重複しないよう体系的にVOTが変化するためと解釈している。このように、오은진(2009)は、韓国語の平音と激音の間に高い割合でVOTが重複するのは、VOTによって平音と激音の知

覚判断がされない可能性があるためであると考察している。

1.2.5　文中の位置

　文の位置[6]による平音、激音、濃音の音声の変化という視点での検討は筆者の研究（韓 2013）以前にも存在するが（Cho and Jun 2000、Cho and Keating 2001、서 2002）、実験デザインにおいてキャリア文の不一致、フォーカスの存在の有無があり、得られた結果を文の位置によるものと判断しにくい点が見受けられる。そのため、韓（2013）ではテスト語にフォーカスが存在する場合とフォーカスが存在しない場合の2つの発話意図に分けて文頭と文中の比較を行い、極力文中の位置の影響だけを扱うための実験デザインを組んだ。テスト語とテスト文は本書2章の表2-1（p. 24）に示したものと同じである。平音、激音、濃音を含むテスト語を文頭と文中に配置し、各音節の長さ、子音に前後する母音のF0とその強さにおいて子音種間に違いがあるかどうかを調査した。音響分析の結果、先行母音のF0については文の中の位置による影響が見られたものの、他の検討項目では平音・激音・濃音の生成において、文中の位置による明確な相違はなかった。先行研究において検討が行われたVOTについても韓（2013）では文の中の位置による明確な傾向はなく、発話によっては先行研究と反対の結果が得られる場合もあった。したがって、韓（2013）では平音・激音・濃音の生成上の特徴は文中の位置の影響をほとんど受けないと結論付けた。

　以上のことから、本書の生成実験では、韓（2013）と同一の音声データを用いるが、その際に文の位置からの影響は無視し、文頭と文中を合わせて平音、激音、濃音の分析を行うことにした。

1.2.6 フォーカス

　他の言語と同様、韓国語においても一般的にフォーカスが置かれる場所はフォーカスが置かれていない場合に比べてより長く、高く、強くなるという実験結果が得られている（Jun 1989, 1993、Jun and Lee 1998 等）。フォーカスの存在の有無による平音・激音・濃音の生成上の影響については、語頭破裂音を対象にVOTに関する報告が見られるが（서 2002）、筆者の研究（韓 2013）ではVOTだけでなく、テスト語の各文節の長さ、子音に前後する母音の高さと強さについて、フォーカス[7]が置かれる発話とフォーカスが置かれていない発話を比較した。テスト語とテスト文は本書2章の表2-1（p. 24）に示したものと同じである。音響分析の結果、VOTに関しては平音と激音はフォーカスを置いて発音するとそうでない場合に比べてより長いという結果となり、서（2002）の結果と一致した。しかし、濃音についてはフォーカスの有無による一貫した傾向はなかった。他の検討項目については、フォーカスが存在すると、子音種にかかわらず、各分節音（VOTに関しては上記で述べた通り）はより長く、子音に後続する母音はより高く、より強いという結果であった。これについては、Jun（1989, 1993）とJun and Lee（1998）の見解を支持する。

　このように、フォーカスの有無にかかわらず、平音、激音、濃音間の各音響的特徴の関係に違いはほとんどなかったため、本書の生成実験では、韓（2013）と同一の音声データを用いるが、その際にフォーカスによる影響を無視し、フォーカスが存在する発話と存在しない発話を両方合わせて平音、激音、濃音の分析を行うことにした。

1.3 本研究で扱う内容

　前節（1.2）で述べたように、平音・激音・濃音に関する音声学的研究は様々な側面から検討がなされており、自然言語に近づけたデータからも検討がなされている。しかし、根本的な問題である「平音・激音・濃音を聞き分けるための音響的特徴が何であるのか」ということに関しては未だ不明な点が残っている。韓国語ソウル方言の平音・激音・濃音の知覚判断をめぐっては、VOT、F0、後続母音の強さの立ち上がり、後続母音の倍音成分の振幅の差、語中の母音間に関しては閉鎖区間長について検討が重ねられてきた。これら先行研究を検討すると、語頭では後続母音に注目する必要性が明らかにされているものの（Cho 1996 等）、その母音部の音声的特徴に関する研究は未だ不十分である上に、現状では破裂音に関する報告が多く、破擦音と摩擦音についての考究は少ない。さらに、語頭以外の音環境に関する研究も少数である。

　そこで、筆者は「平音・激音・濃音の知覚判断に関わる音響的特徴の総合的検討」を研究テーマとし、これまで断片的に検討されてきたこれら子音の音響的特徴について、複数の音響指標の検討を同一話者が発音した同一の音声素材を用いて行うことにした。

　まず、次の 2 章と 3 章では子音部、4 章では母音長、5 章では後続母音の開始部、6 章では先行母音および後続母音における F0 とその時間的変化、7 章では先行母音および後続母音における強さ、フォルマントのそれぞれの時間的変化について調査を行った上で各章ごとに考察を行う。最後の 8 章では、本書で実施した実験の結果をまとめて結論を述べる。

注

(1) 近年では、「平音」「激音」「濃音」の発音の説明について「音の高さ」に着目して説明がなされているものもある。しかし、それも語頭の破裂音と破擦音では有効であるものの、摩擦音では、発音された音声が「濃音か、濃音ではないか」の判断には有効ではなく（Han 2015）、音の高さに注目した説明だけでは十分とは言えない。

(2) 韓国語の摩擦音には歯茎摩擦音の他に声門摩擦音［h］が存在するが、本書で対象とする摩擦音は歯茎摩擦音であり、以降、歯茎摩擦音を摩擦音と略称する。

(3) Martin（1951）の分類に従う。

(4) 英語からの外来語として、一般的に「くよくよ悩まず、あっさりと決断を下す。」という意味で使用される。

(5) 濃音の音声記号は、배他（1999）、Han（1996a）、閔（2007）に見られる方法を参考にし、［k'］のように「'」を用いて表記する。

(6) 「1.2.5 文中の位置」および「1.2.6 フォーカス」については、筆者の研究（韓 2013）のうち、本書で取り上げなかった論点に言及する。

(7) ここで言うフォーカスとは、「聞き手に対する話し手の訴えかけの焦点（郡 1989: p. 317）」あるいは「聞き手が話し手に対して何をいちばん伝えたいかという情報の伝達欲求度の最高点（郡 1997: p. 172）」のことである。

第 2 章　子音部の検討 1
RVOWT の導入による総合的検討

　本章では、従来より語頭の破裂音・破擦音における平音、激音、濃音の分析において用いられてきた、「子音部」、すなわち VOT（voice onset time、2.2 を参照）の有効性を先行研究に基づき再検討する。その際、語頭だけでなく語中の母音間の子音部についても同一概念を使って調査するために、新たに「子音の閉鎖の開放から後続母音の開始までの区間（RVOWT: release to vowel onset time）」という概念を提案し、生成と知覚の実験調査の両面からその有効性について議論する。摩擦音についても語頭と語中の母音間の両方において子音部の影響についても調査を行う。

2.1　先行研究

　従来、破裂音・破擦音における平音、激音、濃音の分析には、「有声開始時間（VOT: voice onset time、2.2 を参照）」という概念が広く用いられてきた。しかしながら、VOT の関与については、およそ半世紀以上前から生成と知覚の両面から検討されてきたものの、先行研究の間で

も見解の不一致が見られ、現在もなお議論され続けている。

　VOTは、破裂音、破擦音ともに「激音＞濃音」の順で長いという点では、すべての研究において一致している。しかし、平音に関しては2つの異なる報告がある。濃音と平音の間で重複があるとする研究（Lisker and Abramson 1964、Kim 1965、梅田・梅田 1965等）と、平音と激音の間で重複があるとする研究（Kim 2004、Silva 2006a,b、오은진 2009、韓 2013等）である。

　一方、語頭の平音・激音・濃音の知覚判断に関するVOTの影響は、現時点において以下の3つの主張がある。1つは、VOTが語頭における平音・激音・濃音の3種類の子音の知覚判断に関与する主要な要因の1つであるという見方である（Han and Weitzman 1970、Abramson and Lisker 1972、Han 1998等[1]）。Han and Weitzman（1970）、Abramson and Lisker（1972）では、VOTが激音とその他との知覚判断に有効であるという点で一致している。第2の立場は、VOTを3種類の子音の対立の知覚判断の主要な要因ではなく、副次的なものであるとする研究（Cho 1996、Kim et al. 2002）である。Kim et al.（2002）は、VOTがなければ濃音と激音の区別は完全に行われないと指摘し、VOTの必要性を認めつつ、3種類の子音の知覚判断には後続母音が重要であるという見方を示している。第3の立場は、VOTが平音・激音・濃音の知覚判断に影響しないという結果を示した研究である（이・정 2000）。

　以上の研究を受けて、本章では、平音、激音、濃音の子音部の影響を生成と知覚の両面から詳細に調査する。

2.2 VOT（Voice Onset Time）の再検討と RVOWT（Release to Vowel Onset Time）の提案

本研究では、Lisker and Abramson（1964）での VOT の枠組みに基づいて破裂音と破擦音の子音部の分節を行わず、子音部の分節においてより詳細な検討を行うために、「子音の閉鎖の開放から後続母音の開始までの区間（RVOWT: release to vowel onset time）」という概念を提案し、語頭と母音間の両方において、破裂音と破擦音の子音部の分節を行う。

以下、VOT の概念を使用せず、新たな概念を導入する利点はどこにあるのかについて先行研究を検証しつつ述べる。

Lisker and Abramson（1964: p. 389）は VOT の概念およびその測定基準について以下のように述べている。

> Wide-band spectrogams of the recordings were made, and from these, voice onset times were measured by making off the interval between the release of the stop and the onset of glottal vibration, that is, voicing. The point of voicing onset was determined by locating the first of the regularly spaced vertical striations which indicate glottal pulsing, while the instant of release was fonud by fixing the point where the pattern shows an abrupt change in overall spectrum. Oral closure is marked spectrographically by the total or almost total absence of acoustic energy in the formant frequency range; oral release in marked by the abrupt onset of energy in the formant frequency range.

Lisker and Abramson（1964）の実験では、語頭破裂音を中心に 11 言

語の破裂音について、音響信号上に現れた子音の閉鎖の開放した時点から声帯の振動が行われるまでの区間を基準に言語間の有声と無声の度合いを比較したものである。この概念はその後、破裂音と破擦音の有声と無声を測る上で広く支持を得ている（Shimizu 1996、Cho and Ladefoged 1999 等）。

　しかし、現実に有声・無声破裂音は語頭に限らず、語中にも現れるが、Lisker and Abramson（1964）が述べた VOT の測定基準は、1 つの語の中で有声子音が語中に位置しその前に有声音が先行する場合の測定については言及されていない。このように、Lisker and Abramson（1964）が提案した VOT は語頭という音環境しか想定されていないという不十分さを持つ。本書では平音・激音・濃音について、語頭だけでなく語中の母音間についても検討を行うため、同一基準でこの 2 つの音環境に適応できる新たな概念の導入が必要であった。平音・激音・濃音の子音の分節において「子音の調音時の調音器官の閉鎖区間（音響的に無音区間と称されるもの）」は子音の調音時の強さ（Kim 1965 等）と子音の知覚判断（Han 1996a, b 等）において必要な項目であり、残りの部分の「子音の閉鎖の開放から後続母音の開始までの区間」は、口腔内の調音器官の閉鎖の開放後から後続母音が始まるまでの声門が開いている時間が音響的に反映されたものとして捉えられるため（Kim 1970、Kagaya 1974）、平音・激音・濃音の生成上の特徴を把握する上で重要な部分である。したがって、平音・激音・濃音の子音部はこの 2 つに分節を行う必要性がある。そこで、後者の「子音の閉鎖の開放から後続母音の開始までの区間」を RVOWT（release to vowel onset time）と名付け、この概念を用いて実験を行うことにした。

　以下、図 2-1 から図 2-4 に波形上に現れた RVOWT を提示する。網掛けの部分が RVOWT を表す。語頭での無声破裂音と破擦音については本書で取り上げた RVOWT と Lisker and Abramson（1964）が提案した

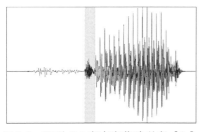

図 2-1　語頭での有声歯茎破裂音［da］　図 2-2　語頭での無声歯茎破裂音［ta］

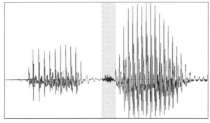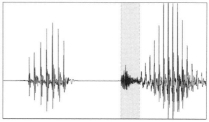

図 2-3　母音間での有声歯茎破裂音［ada］　図 2-4　母音間での無声歯茎破裂音［ata］

VOT とは結果的に実態が一致する。

2.3　生成実験

2.3.1　実験の手順

(1) 被験者

　本実験の被験者は、ソウル生まれで、満 18 歳まで同地にて生育した 20-30 代の男女 6 名（女性 3 名、男性 3 名）を対象とした。参加した被験者は録音当時、大阪府に居住しており、日本居住歴は 1-2 年である。

(2) テスト語およびテスト文

　破裂音、破擦音のそれぞれについて、平音・激音・濃音を語頭および語中の母音間に埋め込んだ無意味の 2 音節語（語頭：/taka/, /tʰaka/, /t'aka/, /tsaka/, /tsʰaka/, /ts'aka/、語中の母音間：/ata/, /atʰa/, /at'a/, /atsa/, /atsʰa/, /ats'a/）の計 12 個を検討対象とした。韓国語の質問文を用意し、それに対して被験者がテスト語を含んだ文で回答するという会話形式による録音を行った。その際、テスト語は人名と考えて発音するように指示するとともにテスト語の前後にポーズを挿入しないよう指示した。録音は、質問とテスト語のセットをランダム配列にして各 10 回行い、収集した計 3840 個（被験者 6 名× 16 個のテスト語×テスト文 4 種類×各 10 回）のすべての音声データを分析した。録音は、無響室において 44.1kHz、16bit、リニア PCM 方式で行った。収録した音声データは、Praat（ver. 4.3）を用いて分析を行った。

　なお、本書で分析するデータのうち、語中の母音間における破裂音と破擦音の平音はすべて有声音として生成されたものであり、摩擦音の非濃音は語中の母音間では 95％が無声音として生成されたものである。

表 2-1　テスト文

テスト文の形式	上段：調査者の質問、下段：被験者の回答	
（テスト語の）文中の位置／フォーカス	韓国語	日本語訳
A：文頭／フォーカス有	누가 다쳤어요? (테스트 단어) 가 다쳤어요.	誰が怪我しましたか? (テスト語)が怪我をしました。
B：文頭／フォーカス無	(테스트 단어) 가 어쨌어요? (테스트 단어) 가 다쳤어요.	(テスト語)がどうしましたか? (テスト語)が怪我をしました。
C：文中／フォーカス有	누가 다쳤어요? 어제 (테스트 단어) 가 다쳤어요.	誰が怪我しましたか? 昨日 (テスト語)が怪我をしました。
D：文中／フォーカス無	(테스트 단어) 가 어쨌어요? 어제 (테스트 단어) 가 다쳤어요.	(テスト語)がどうしましたか? 昨日 (テスト語)が怪我をしました。

(3) 統計手法

　語頭と語中の母音間のそれぞれの音環境別に、平音、激音、濃音の間でRVOWTに有意な差があるかどうかを比較するため、テスト語ごとに240発話（6名×10回×4種類のテスト文）について、個々の発話のRVOWTを話者間で対応のあるt検定（両側）を行った上で、子音間の多重比較をBenjamini-Hochberg法で行う（$q^* = 0.05$ に設定）。さらに、音環境による違いの有無を調査するために、平音、激音、濃音ごとに語頭と語中の母音間とでRVOWTについて対応のあるt検定（両側）を行った。p値について、Benjamini-Hochberg法による多重比較の結果が有意（$q^* = 0.05$）と認められるものを下線で示す。

2.3.2 結果

　実験の結果を図2-5から図2-8にて示す。棒グラフの黒い棒が平音を、グレーの棒は激音を白い棒は濃音を示す。棒の上に子音種を記すとともにその下に後続母音の平均値と、標準偏差を括弧の中に入れて示す。

(1) 語頭におけるRVOWT

　破擦音、破擦音とも、濃音と平音・激音の間では有意差が認められた。平音が短く、激音と濃音は長かった。平音と激音のRVOWTに有意差はなかった。破裂音については、Kim（2004）、Silva（2006b）、오은진（2009）と同様の傾向だった。

図 2-5 語頭の破裂音の RVOWT

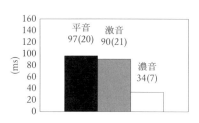
図 2-6 語頭の破擦音の RVOWT

表 2-2 語頭における平音、激音、濃音の RVOWT の比較

語頭		自由度	t 値	p 値
平音 vs 激音	破裂音	5	0.300	0.777
	破擦音	5	1.119	0.314
平音 vs 濃音	破裂音	5	15.846	<u>< 0.001</u>
	破擦音	5	12.425	<u>< 0.001</u>
激音 vs 濃音	破裂音	5	10.573	<u>< 0.001</u>
	破擦音	5	10.950	<u>< 0.001</u>

(2) 語中の母音間における RVOWT

激音と平音・濃音の間で有意差が認められた。平音と濃音が短く、激音は長かった。平音と濃音では有意差はなかった。

図 2-7 語中の母音間の破裂音の RVOWT

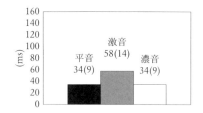
図 2-8 語中の母音間の破擦音の RVOWT

表 2-3 語中の母音間における平音、激音、濃音の RVOWT の比較

語中の母音間		自由度	t 値	p 値
平音 vs 激音	破裂音	5	-4.604	**0.006**
	破擦音	5	-8.681	**< 0.001**
平音 vs 濃音	破裂音	5	2.569	0.050
	破擦音	5	0.692	0.520
激音 vs 濃音	破裂音	5	6.377	**0.001**
	破擦音	5	-8.282	**< 0.001**

(3) 語頭における RVOWT と語中の母音間における RVOWT との比較

平音と激音では、音環境による RVOWT の差が認められ、語中の母音間の RVOWT は語頭に比べて短かった。濃音の場合は、音環境による違いはなかった。

表 2-4 平音、激音、濃音それぞれの語頭と語中の母音間における RVOWT の比較

		自由度	t 値	p 値
平音	破裂音	5	16.741	**< 0.001**
	破擦音	5	16.073	**< 0.001**
激音	破裂音	5	10.638	**< 0.001**
	破擦音	5	11.978	**< 0.001**
濃音	破裂音	5	0.726	0.500
	破擦音	5	-0.238	0.822

2.4 語頭に関する知覚実験

知覚実験においては、VOT が激音と平音・濃音の知覚判断に有効であるという従来説（Han and Weitzman 1970、Abramson and Lisker

1972 等）についての再検討を行う。本節では、合成音声の素材によって、RVOWT による影響の差があるかどうかを調査する。

　RVOWT が平音、激音、濃音の知覚判断に与える影響について調査するために、語頭ではRVOWT の伸縮、母音部と子音部の入れ替え実験、RVOWT の削除の 3 種類の実験を行った。

2.4.1　実験の手順

(1) 音声素材

　音声素材には著者（ソウル方言話者、女性、20 代後半）の音声を使用した。破裂音と破擦音のそれぞれの平音、激音、濃音（/ta/, /tʰa/, /t'a/, /tsa/, /tsʰa/, /ts'a/）をキャリア文の中に埋め込まずに 10 回発音し、各分節音の長さ（表 2-5）、後続母音の F0、強さ、第 1 倍音と第 2 倍音の振幅の差、F1 を測定し、総合的に平均値に近い音声を合成音声の素材として用いた。

　まず、破裂音、破擦音の平音、激音、濃音間で RVOWT の差があるかどうかについて反復測定分散分析を行った（有意水準 $p = 0.05$）。分散分析の結果、破裂音と破擦音については子音間で有意差が認められた（破裂音：$F(2, 27) = 121.160$, $p < 0.001$、破擦音：$F(2, 27) = 50.315$, $p < 0.001$）。さらに、Benjamini-Hochberg 法による多重比較を行った（$q^* = 0.05$ に設定）。多重比較の結果、破裂音（平音と激音：$p < 0.001$、濃音と激音：$p < 0.001$、濃音と平音：$p < 0.001$）、破擦音（平音と激音：$p = 0.003$、濃音と激音：$p < 0.001$、濃音と平音：$p < 0.001$）ともに「激音＞平音＞濃音」の順で RVOWT が長いという結果を得た。以上の結果は、先行研究と一致する（Kagaya 1974、Cho et al. 2002 等）。

表 2-5 破裂音と破擦音の刺激音の素材の RVOWT と後続母音長（単位：ms、括弧の中：S.D.）

		破裂音			破擦音		
		平音	激音	濃音	平音	激音	濃音
10回の平均	RVOWT	67(18)	94(11)	10(6)	75(15)	97(17)	37(5)
	後続母音長	290(38)	210(17)	367(38)	389(34)	234(45)	333(48)
刺激音の素材	RVOWT	67	94	8	81	99	42
	後続母音長	244	206	356	396	238	326

摩擦音に関しても、著者の音声を使用した。摩擦音の非濃音と濃音（/sa/, /s'a/）をキャリア文の中に埋め込まずに 10 回発音し、各分節音の長さ（表 2-6）、後続母音の F0、強さ、第 1 倍音と第 2 倍音の振幅の差、F1 を測定し、総合的に平均値に近い音声を合成音声の素材として用いた。摩擦音の非濃音と濃音間で摩擦区間長に差があるかどうかについて反復測定分散分析を行った結果、子音種による有意差は認められず（$F(1, 18) = 2.843$, $p = 0.109$）、非濃音と濃音の摩擦区間長は同じである。摩擦音の摩擦区間長については、3 章の生成実験で実験結果を述べる。

表 2-6 摩擦音の刺激音の素材の分節音の長さ（単位：ms、括弧の中：S.D.）

		摩擦音	
		非濃音	濃音
10回の平均	摩擦区間長	169(13)	185(14)
	後続母音長	362(34)	290(27)
刺激音の素材	摩擦区間長	170	180
	後続母音長	372	277

(2) 刺激音の作成
① RVOWT の伸縮

　表 2-5 で提示した平音・激音・濃音の音声を素材として使用し、それぞれの RVOWT の長さを伸縮した。RVOWT の伸縮する範囲は、破裂音は 8ms–128ms までの区間を 20ms 間隔で 7 段階、破擦音は 35ms–135ms までの区間を 20ms 間隔で 6 段階の伸縮を行った（表 2-7）。作成した刺激音は各 5 回聞かせた。

表 2-7　刺激音の構成

	RVOWT の伸縮の範囲
破裂音	7 段階：8ms, 28ms, 48ms, 68ms, 88ms, 108ms, 128ms
破擦音	6 段階：35ms, 55ms, 75ms, 95ms, 115ms, 135ms

②子音部と後続母音の入れ替え

　表 2-5 で提示した平音・激音・濃音の音声を素材として使用し、破裂音と破擦音の平音・激音・濃音の計 6 種類について、それぞれの RVOWT と母音部を入れ替えた音声を作成した。摩擦音についても、表 2-6 で提示した音声を用いて非濃音と濃音のそれぞれの摩擦区間長と母音部を入れ替えた音声を作成した。

③子音部の削除

　破裂音・破擦音では、テスト語の RVOWT を削除して母音部だけの刺激音を作成した。摩擦音では、摩擦区間を削除して母音部だけの刺激音を作成した。

(3) 実験方法

　各刺激音は 5 回ずつランダムな順で聞かせた。回答用紙は、「平音」、「激音」、「濃音」のいずれかを強制選択をするように韓国語で作成した。「초성（頭子音）」という用語については、それがどのようなものかについて具体的に説明した上で実験に参加してもらった（以下、同様）。非濃音 /s/ については、濃音に聞こえなければ「平音」の欄にチェックするように指示した（以下、同様）。

平音・激音・濃音が語頭に位置する刺激音についての判断の回答用紙

들리는 소리의 초성이 예사소리 (ㅂ, ㄷ, ㄱ, ㅈ, ㅅ) 거센소리 (ㅍ, ㅌ, ㅋ, ㅊ) 된소리 (ㅃ, ㄸ, ㄲ, ㅉ, ㅆ) 중 어느 것으로 들리는지 하나만 체크해 주십시오.

　1. 예사소리（　　）　　거센소리（　　）　　된소리（　　）

〈日本語訳〉
　聞こえる音声の頭子音が平音（/p/, /t/, /k/, /ts/, /s/）、激音（/p^h/, /t^h/, /k^h/, /ts^h/）、濃音（/p'/, /t'/, /k'/, /ts'/, /s'/）のうち、どれに聞こえるか 1 つだけチェックを入れてください。

　1. 平音（　　）　　激音（　　）　　濃音（　　）

---

(4) 統計手法

　破裂音と破擦音については、① RVOWT の伸縮実験において、RVOWT の長さに影響されず、刺激音の素材によって子音の判断が行われると言えるか、② RVOWT と後続母音の入れ替えの実験で、RVOWT の種類にかかわらず、後続母音部によって子音の判断が行われるかと言えるか、③ RVOWT の削除について、RVOWT の有無に関

わらず、後続母音部によって子音の判断が行われるかと言えるかの3点を検証する。フィッシャーの直接確率検定（Fisher exact test）を行い、被験者の各刺激音に対する「平音」、「激音」、「濃音」の判断の分布に違いがあるかどうかを調査する。多重比較の検定をBenjamini-Hochberg法を用いて行った（$q^* = 0.05$）。

摩擦音については、摩擦区間（種類、有無）に影響されず、後続母音部によって子音の判断が行われると言えるかについて、破裂音、破擦音と同一の統計的検定を行った。

(5) 被験者

20–30代のソウル方言話者12名（男性10名、女性2名）である。参加した被験者の中には大阪府に居住している者も含まれているが、日本居住歴は1–2年である。

2.4.2　結果

(1) RVOWTの伸縮の実験

RVOWTの違いによる知覚実験の結果を図2-9から図2-14に示す。図2-9、図2-11、図2-13は破裂音のデータを、図2-10、図2-12、図2-14は破擦音のデータを示す。横軸はRVOWTを、縦軸は知覚判断率（%）を表し、黒丸（●）は平音、灰色の四角（■）は激音、白丸（○）は濃音としての知覚判断率の値を表す。

ほとんどの刺激音の場合、平音・激音・濃音の判断はRVOWTに左右されず、合成音声の元の素材として知覚された。しかし、破裂音の平音語（/ta/）と激音語（/tʰa/）から作られた刺激音に関しては、RVOWTの影響があるように見える場合もある。破裂音の平音語（/ta/）から作られた刺激音については、最短の8msと最長の128msの

比較を行った結果、子音の判断に有意差が認められた（p = 0.006）。激音語については最短の 35ms と 55ms との比較を行った結果、ここでも有意差が認められた（p = 0.003）。これらの結果から、破裂音の平音語と激音語の場合、RVOWT の影響があることが明らかになった。しかし、平音語（/ta/）の元の RVOWT は 67ms であり、RVOWT を極端に長くした合成音声においても激音として判断した割合は 10% でしかない。激音語の /tsʰa/ の本来の RVOWT も 99ms と長いが、20ms まで極端に短縮しても平音として判断した割合は 15% でしかない。これらの点を考慮すれば、RVOWT の影響はないと解釈するほうが妥当だと考えられる。

　以上のように、語頭の平音、激音、濃音の判断に RVOWT の影響はほとんどなく、이・정（2000）と一致する結果となった。しかし、その音がその音として聞こえる原因が、子音部にあるのか、母音部にあるのかに関しては不明である。そのため、次の（2）RVOWT と後続母音の入れ替えではこの点について調査を行った。

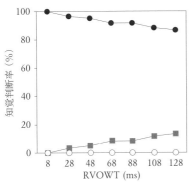

図 2-9　刺激音の素材が平音語 /ta/ の場合

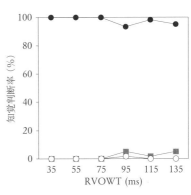

図 2-10　刺激音の素材が平音語 /tsa/ の場合

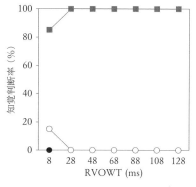

図 2-11 刺激音の素材が激音語 /tʰa/ の場合

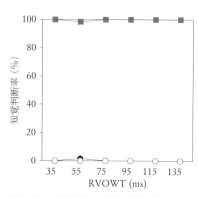

図 2-12 刺激音の素材が激音語 /tsʰa/ の場合

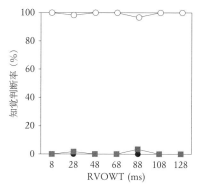

図 2-13 刺激音の素材が濃音語 /t'a/ の場合

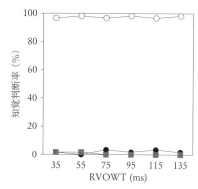

図 2-14 刺激音の素材が濃音語 /ts'a/ の場合

(2) RVOWT と後続母音の入れ替え

　直前の (1) RVOWT の伸縮の結果について、用いられた刺激音がそれらの素材の音のままとして聞こえる原因が子音部にあるのか、母音部にあるのかに関して検討を行うために、母音部と子音部を入れ替えた刺激音を作成した。摩擦音についても同様に調査した。

　実験の結果を見ると、摩擦音については 100％の確率で後続母音に注

表 2-8 平音・激音・濃音の子音部と母音部を入れ替えた音声の知覚判断[2]

刺激音の番号	刺激音		知覚判断（％）					
			破裂音			破擦音		
	子音部	後続母音部	平音	激音	濃音	平音	激音	濃音
1	激音	平音	83	17	0	90	10	0
2	濃音		93	2	5	100	0	0
3	平音	激音	0	95	5	0	100	0
4	濃音		0	97	3	0	87	13
5	平音	濃音	0	2	98	0	3	97
6	激音		0	3	97	3	3	93

表 2-9 摩擦音の非濃音と濃音の子音部と母音部を入れ替えた音声の知覚判断

刺激音		知覚判断（％）	
子音部	後続母音部	非濃音	濃音
非濃音	濃音	100	0
濃音	非濃音	0	100

目して知覚判断されている（表 2-9）。一方、破裂音と破擦音では、後続母音部からの影響は 83％以上と高く、後続母音部によって子音の判断が行われていると言える（表 2-8）。しかし、後続母音部が同じでも後続母音部からの影響に差があるように見える場合がある。

統計的検定の結果、後続母音部が異なる刺激音の間の比較ではすべて有意差が認められ（$p < 0.001$）、後続母音によって子音の判断の仕方が異なることが明らかになった。一方、後続母音部の種類が同一で RVOWT の種類が異なる刺激音の間での比較では、濃音の後続母音部を有する刺激音（刺激音 5 と刺激音 6）では有意差は認められず（破裂音：$p = 1.000$、破擦音：$p = 0.556$）、同じ知覚判断の仕方をしていた。

しかし、平音の後続母音部を有する刺激音の場合（刺激音1と刺激音2）、破裂音（p = 0.003）と破擦音（p = 0.027）ともに有意差が認められ、激音の子音部を有する刺激音と濃音の子音部を有する刺激音との間で後続母音部からの影響の仕方が異なることが明らかとなり、子音部からの影響も認められた。また、激音の後続母音部を有する刺激音の間の比較（刺激音3と刺激音4）では、破裂音（p = 1.000）では有意差はなかったが、破擦音（p = 0.006）において有意差が認められてここでも子音部による影響があった。

しかし、冒頭で述べたように、後続母音によって83％以上の割合で子音の判断が行われているため、語頭の平音、激音、濃音の知覚判断は子音部に比べて圧倒的に母音部の影響が大きいことがわかった。

(3) RVOWTの削除

表2-10から明らかなように、破裂音および破擦音の各々の刺激音に対する、本来の音としての判断は87％以上であり、子音部がなくても母音部だけで3種類の子音の聞き分けがなされるという結果が得られた。これは、Cho（1995）とKim et al.（2002）と一致するが、本研究によってより明確な傾向が見られた。統計的検定の結果では、各刺激音間の比較においてすべて有意差が認められ（p < 0.001）、それぞれの刺激音の知覚判断の仕方が異なっていることが示された。

摩擦音に関しては、摩擦区間を削除すると、刺激音の素材が濃音の場合、100％濃音として判断されていた。一方、刺激音の素材が非濃音の場合では破裂音の平音か激音との答えのみで、100％濃音以外のものとして判断された。したがって、摩擦音の判断においても後続母音は大きく関与することがわかった。

表 2-10　母音部だけの刺激音に対する知覚判断

刺激音		知覚判断（％）		
	後続母音部	平音	激音	濃音
破裂音	平音	97	2	1
	激音	1	87	12
	濃音	0	2	98
破擦音	平音	100	0	0
	激音	2	98	0
	濃音	10	0	90
摩擦音	非濃音	60	40	0
	濃音	0	0	100

2.5　語中の母音間に関する知覚実験

　語中の母音間においては、破裂音と破擦音でRVOWTを入れ替える実験とRVOWTを削除する実験を行う。後続母音を入れ替える実験に関しては、破裂音、破擦音、摩擦音ともに行った。

2.5.1　実験の手順

(1) 音声素材

　今回は、ソウル方言話者である30代半ばの男性の音声を使用した。語頭における破裂音・破擦音・摩擦音のそれぞれの平音・激音・濃音を母音間に含む2音節の無意味語（/ata/, /at^{h}a/, /at'a/, /atsa/, /ats^{h}a/, /ats'a/, /asa/, /as'a/）である。キャリア文は、〜라고 해요. /lakohejo/（〜と言います。）である。10回発話の分節音の長さ、後続母音のF0、強さ、

第1倍音と第2倍音の振幅の差、F1を測定し、総合的に平均値に近い音声を合成音声の素材として用いた。素材の音声の長さに関するデータを表2-11、表2-12、および表2-13に示す。

また、破裂音、破擦音の平音、激音、濃音の間でRVOWTに差があるかどうかについて反復測定分散分析を行った（有意水準 p = 0.05）。分散分析の結果、破裂音と破擦音については子音間で有意差が認められた（破裂音：$F(2, 27) = 105.000$, $p < 0.001$、破擦音：$F(2, 27) = 129.200$, $p < 0.001$）。さらに、Benjamini–Hochberg法による多重比較を行った（$q^* = 0.05$）。多重比較の結果、破裂音（平音と激音：$p < 0.001$、濃音と激音 $p < 0.001$、濃音と平音 $p = 0.082$）、破擦音（平音と激音：$p < 0.001$、濃音と激音 $p < 0.001$、濃音と平音 $p = 0.048$）ともに「激音＞平音・濃音」の順でRVOWTが長いという結果を得た。摩擦音については、子音種間での摩擦区間長については反復測定分散分析を行った結果、濃音は非濃音より有意に長いという結果を得た（$F(1, 18) = 130.800$, $p < 0.001$）。これは、3章の生成実験の結果と一致する。

表2-11 語中の母音間破裂音の分節音の長さの平均（単位：ms）

破裂音		先行母音長	閉鎖区間長	RVOWT	後続母音長
平音	10回の平均値(S.D.)	95(7)	52(3)	7(3)	83(5)
	刺激音の素材の音声	92	52	11	82
激音	10回の平均値(S.D.)	73(11)	86(4)	26(4)	76(5)
	刺激音の素材の音声	75	84	29	71
濃音	10回の平均値(S.D.)	83(9)	96(5)	9(1)	79(5)
	刺激音の素材の音声	87	90	9	78

表 2-12 語中の母音間破擦音の分節音の長さの平均（単位：ms）

破擦音		先行母音長	閉鎖区間長	RVOWT	後続母音長
平音	10回の平均値(S.D.)	99(9)	27(5)	39(4)	86(8)
	刺激音の素材の音声	94	30	36	90
激音	10回の平均値(S.D.)	70(9)	54(6)	65(6)	66(5)
	刺激音の素材の音声	75	59	64	65
濃音	10回の平均値(S.D.)	77(12)	76(5)	33(3)	85(8)
	刺激音の素材の音声	78	76	30	79

表 2-13 語中の母音間摩擦音の分節音の長さの平均（単位：ms）

摩擦音		先行母音長	摩擦区間長	後続母音長
非濃音	10回の平均値(S.D.)	94(11)	74(6)	72(3)
	刺激音の素材の音声	98	72	72
濃音	10回の平均値(S.D.)	79(12)	114(9)	78(4)
	刺激音の素材の音声	85	106	80

（2）刺激音の作成

① RVOWT の入れ替え

破裂音と破擦音のそれぞれの平音・激音・濃音の RVOWT を入れ替えて刺激音を作成した。

②後続母音の入れ替え

破裂音、破擦音、摩擦音ごとに分け、平音・激音・濃音の後続母音を入れ替えた刺激音を作成した。

③ RVOWT の削除

破裂音と破擦音の平音・激音・濃音の RVOWT を削除し、先行母音、

閉鎖区間、後続母音だけの刺激音を作成した。

(3) 実験方法

　テスト用紙の形式は語頭と同一で、「平音」、「激音」、「濃音」のいずれかを強制選択をするように韓国語で作成した（以下、同様）。「두번째 음절의 초성（二番目の音節の頭子音）」という用語については具体的にどのようなものかについて説明した上で実験に参加してもらった。非濃音 /s/ については、濃音に聞こえなければ「平音」の欄にチェックするように指示した（以下、同様）。

平音・激音・濃音が語中の母音間に位置する
刺激音についての判断の回答用紙

들리는 소리의 두번째 음절의 초성이 예사소리（ㅂ, ㄷ, ㄱ, ㅈ, ㅅ）거센소리（ㅍ, ㅌ, ㅋ, ㅊ）된소리（ㅃ, ㄸ, ㄲ, ㅉ, ㅆ）중 어느 것으로 들리는지 하나만 체크해 주십시오.
　1. 예사소리（　　）　　　거센소리（　　）　　　된소리（　　）

〈日本語訳〉
　聞こえる音声の二番目の音節の頭子音が平音（/p/, /t/, /k/, /ts/, /s/）、激音（/p^h/, /t^h/, /k^h/, /ts^h/）、濃音（/p'/, /t'/, /k'/, /ts'/, /s'/）のうち、どれに聞こえるか1つだけチェックを入れてください。
　1. 平音（　　）　　　激音（　　）　　　濃音（　　）

---

(4) 統計

　①破裂音と破擦音においてRVOWTを入れ替える実験では、RVOWTの種類にかかわらず、素材（先行母音・閉鎖区間・後続母音）によって

子音の判断が行われるかと言えるか、②後続母音を入れ替える実験では、破裂音、破擦音、摩擦音ともに、後続母音の種類によって子音の判断が行われると言えるか、③破裂音と破擦音においてRVOWTを削除する実験では、RVOWTの有無にかかわらず、素材（先行母音・閉鎖区間・後続母音）によって子音の判断が行われると言えるかの3点を検証する。

フィッシャーの直接確率検定（Fisher exact test）を行い、被験者の各刺激音に対する「平音」、「激音」、「濃音」の判断の分布に違いがあるかどうかを調査する。多重比較の検定は、Benjamini-Hochberg法を用いて行った（$q^* = 0.05$）。

(5) 被験者

20-30代前半のソウル母語話者10名（20-30代前半、男性6名、女性4名）。参加した被験者の中には大阪府に居住している者も含まれているが、その日本居住歴は1-2年である。

2.5.2　結果

(1) RVOWTの入れ替え実験

統計的検定の結果については、RVOWTの種類にかかわらず、素材（先行母音・閉鎖区間・後続母音）によって子音の判断が行われるかどうかを中心に述べる。表2-13に示すように、素材が激音の場合（刺激音3と刺激音4の比較）、RVOWTの種類が異なっていても2つの刺激音の間で知覚判断の仕方に違いはなく（破裂音 $p = 0.715$、破擦音 $p = 0.242$）、92%以上激音としての知覚判断がなされている。

しかし、素材が平音である場合、RVOWTの種類（刺激音1と刺激音2の比較）による子音の知覚判断に違いがあるという結果となった

（破裂音 p < 0.001、破擦音 p < 0.001）。平音が素材の場合では、激音のRVOWTに入れ替えると、激音ではなく濃音として判断される傾向が見られた（破裂音：56%、破擦音：82%）。もし、激音のRVOWTの長い呼気成分に着目していれば、激音として判断がなされているのではないかと予想されるが、実際には激音として判断した割合は低かった（破裂音：24%、破擦音：18%）。この原因に関しては、激音は他の子音に比べて長いRVOWTを有するものの、激音のRVOWTに入れ替わった平音は子音部の全長が長くなり、濃音として判断されるに至ったものと考えられる。先行研究から、平音と濃音の知覚判断については閉鎖区間長（Han 1996a, b）が有効であることが知られているが、実際には閉鎖区間長だけでなく、RVOWTを含めた子音全長によって平音と濃音の判断が行われていることを表す。

素材が濃音である場合、RVOWTの種類にかかわらず、80%以上が濃音として判断されているが、平音のRVOWTの場合（刺激音5）と激音のRVOWTの場合（刺激音6）を比較すると、子音の判断は同じ

表2-14　RVOWTを入れ替えた刺激音に対する知覚判断

刺激音の番号	刺激音 素材（先行母音、閉鎖区間、後続母音）	入れ替えたRVOWT	知覚判断（%） 破裂音			破擦音		
			平音	激音	濃音	平音	激音	濃音
1	平音	激音	20	24	**56**	0	18	**82**
2		濃音	**98**	0	2	**98**	0	2
3	激音	平音	2	**92**	6	0	**100**	0
4		濃音	0	**90**	10	0	**94**	6
5	濃音	平音	0	0	**100**	0	0	**100**
6		激音	0	20	**80**	0	18	**82**

ではないという結果となった（破裂音 p = 0.001、破擦音 p = 0.003）。激音の RVOWT だと激音として判断される場合もあるが、それほど大きな影響はない（破裂音：20%、破擦音：18%）。

　語頭の平音・激音・濃音の知覚判断（2.4）において RVOWT の影響がないことが示されたが、語中の母音間では平音、激音、濃音の知覚判断に、少ないながらも RVOWT の影響が窺えた。平音か濃音かの判断には、子音部の長さの一部として RVOWT の影響が存在することがわかった。

(2) 後続母音の入れ替え

　表 2-15 で示すように破裂音と破擦音においては、後続母音部が激音の場合、70%以上が激音として判断され、激音かその他かの判断には後続母音が重要であることがわかる。統計的検定の結果、素材の部分（先行母音、閉鎖区間、RVOWT）によって（刺激音 1 と刺激音 2 の比較）その傾向に差があることもわかった（破裂音：p < 0.001、破擦音：p = 0.031）。

　一方、後続母音が平音か濃音かのいずれかの場合では、平音と濃音のどちらにも判断された。素材の部分が激音または濃音だと濃音として聞こえやすく、素材の部分がが平音だと平音として判断された。つまり、この刺激音において平音に聞こえるか濃音に聞こえるかを決めるものは、子音部全体の長さであると考えられる。刺激音の素材の子音部の全長は、濃音（破裂音：99ms、破擦音：106ms）と激音（破裂音：113ms、破擦音：123ms）で長く、平音で短い（破裂音：63ms、破擦音：66ms）。刺激音 1、刺激音 2、刺激音 5、刺激音 6 の 4 つの比較に関する統計的検定の結果、平音の子音部を有する刺激音 5 と激音・濃音の子音部を有する他の刺激音とではすべての比較において有意差が認められ（p < 0.001）、子音の判断の仕方に違いがあることが明らかになった。こ

のように、平音と濃音の後続母音の間でのみ、子音部の長さの影響が表れる理由は、平音の後続母音と濃音の後続母音とでは聴覚印象が似ているためである（この点についての詳細は 3 章にて示す）。

摩擦音においては（表 2-16）、素材の部分（先行母音、摩擦区間）が非濃音由来で後続母音が濃音由来という組み合わせの刺激音の場合、非濃音として知覚判断されやすい傾向が見られた。素材の部分が濃音由来、後続母音が非濃音由来の組み合わせの刺激音の場合、ほぼ半々の割合で非濃音と濃音に判断が分かれた。統計的検定の結果においても 2 つの刺激音の間に有意差があり（$p < 0.001$）、知覚判断の仕方が異なっている。このことから、語中の母音間の摩擦音の知覚判断には摩擦区間長と後続母音の両方の影響があることがわかる。これは、韓（2011）と一致するものである。

以上のように、語頭では後続母音によって平音・激音・濃音の知覚判断が行われているのに対して、語中の母音間では後続母音の影響はあるものの語頭ほど大きくないことがわかった。次章では、語中の母音間で

表 2-15　後続母音を入れ替えた刺激音に対する知覚判断(破裂音・破擦音の場合)

刺激音の番号	刺激音		知覚判断 （%）					
	素材（先行母音、閉鎖区間、RVOWT）	入れ替えた後続母音	破裂音			破擦音		
			平音	激音	濃音	平音	激音	濃音
1	激音	平音	2	30	68	0	16	84
2	濃音		6	0	94	0	2	98
3	平音	激音	22	70	8	4	92	4
4	濃音		0	90	10	0	86	14
5	平音	濃音	98	0	2	82	0	18
6	激音		4	22	74	0	18	82

の平音・激音・濃音の閉鎖区間長、摩擦区間長の影響について詳細に検討を行う。それに先立って、次の「③ RVOWT の削除」では、今一度 RVOWT の影響の有無を検証すべく、RVOWT を削除した刺激音に対する知覚実験を行う。

表 2-16 後続母音を入れ替えた刺激音に対する知覚判断（摩擦音の場合）

刺激音		知覚判断（%）	
先行母音、摩擦区間	後続母音	非濃音	濃音
非濃音	濃音	**78**	22
濃音	非濃音	46	**54**

(3) RVOWT の削除による知覚実験

実験の結果（表 2-17）、平音は RVOWT がなくても平音として判断されていた。濃音についても濃音として判断されていた。濃音については、RVOWT が削除されて子音部の全長が短くなったものの、この程度の短縮（破裂音：9ms、破擦音：30ms）では濃音の判断に影響がないことが示された。激音については、多少 RVOWT の影響はあったが、激音（78%、80%）として判断された。

統計的検定の結果、破裂音と破擦音ともにすべての刺激音の間の比較

表 2-17 RVOWT を削除し、母音部だけを知覚判断させた実験

刺激音	知覚判断（%）					
	破裂音			破擦音		
	平音	激音	濃音	平音	激音	濃音
平音	96	0	4	100	0	0
激音	2	78	20	20	80	0
濃音	0	0	100	8	0	92

において有意差が認められ（p < 0.001）、刺激音ごとに子音の判断の仕方が異なっていた。つまり、RVOWTの有無にかかわらず、後続母音を手がかりに子音の判断を行っていることがわかった。

2.6 考察

　本書では、子音部を分節する際、RVOWT（子音の閉鎖の開放から後続母音の開始までの区間）という新しい概念を取り入れて検討した。ただし、無声破裂音と無声破擦音のRVOWTはVOT（Lisker and Abramson 1964）とその実態が一致するため、語頭の破裂音・破擦音については、VOTの影響について扱った先行研究と本書の実験結果を比較し検討するときに限り、VOTという従来の用語を用いて検討していく。

　語頭については、破裂音と破擦音ともVOTは平音・激音・濃音の知覚判断に影響せず後続母音によって平音・激音・濃音の判断がほぼ100%行われるという結果を示し、이・정（2000）と同一の結果を得た。2.2で述べたように、先行研究の間でVOTの関与の有無とその影響の度合いが異なる理由の1つとしては、ソウル方言自体の音声の変化（Silva 2006a,b）が考えられる。Silva（2006a,b）は、1975年以前に生まれたソウル方言話者の音声（以下、従来型と称する）は激音のVOTは平音、濃音より明確に長く、平音と濃音でVOTの重複があるが、1975年以後に出生したソウル方言話者の音声（以下、新型と称する）には平音と激音のVOTに重複があることを音響分析のデータで示し、同時に年代により知覚判断の仕方が変化している可能性について言及した。知覚実験においては、Kim and Kim（2010）が、平音語（/ta/）と激音語（/tʰa/）の間でVOTの差が明確な話者の音声と、その差が明確でない話者の音声について、20代のソウル方言話者に知覚判断させた実験を

行っている。その結果、平音語と激音語の間で VOT の差が明確ではない音声に関しては VOT ではなく F0 によって知覚判断が行われ、平音語と激音語の間で VOT の差が明確な音声に関しては F0 の影響が大きくないという結果を得た。これは、Silva（2006a,b）が指摘した「VOT に見られた音声の変化が知覚判断にも影響を及ぼしている」という予測を裏付けるものであり、現時点においてソウル方言話者は従来型と新型の両方に対応できる知覚の仕方をしているものと解釈できる。

　以上のように、平音・激音・濃音の知覚判断における VOT の関与については、先行研究では一致した結論に至っていない。しかしながら、1980 年代までの研究に比べ、近年の研究では VOT の影響とする見解にゆれがあり、主要な要因と見做されない傾向がある。VOT に着目するだけでは平音・激音・濃音の実態を明らかにすることができないという Cho et al.（2002）の指摘は、今後、若年層による平音と激音の間で VOT の差が顕著に現れない新型の音声がソウル方言の平音・激音・濃音の音声の主流になりつつあることを反映したものと言える。

　このように、VOT、すなわち子音部の語頭における平音・激音・濃音の知覚判断への関与は薄まりつつあるため、現在のソウル方言における若年層の知覚判断については、その手がかりを後続母音に求めていくことが必要であると考えられる。Kim and Kim（2010）の実験結果からは、VOT だけでなく F0 の影響の変化も見られる。つまり、子音種による VOT の大きさの違いは、音声全体の変化の一端を捉えたものに過ぎないと言える。そのため、他の音響的特徴にも注目する必要がある。4 章以降では、平音・激音・濃音の後続母音の音響的特徴に注目した研究を取り上げて検討する。

　語中の母音間における RVOWT の長さは「激音＞平音・濃音」の順で長く、平音は濃音と同等に短くなっており、語中の母音間と語頭とでは子音種間での RVOWT の長さの関係が異なる。また、激音の

RVOWTについても語頭（破裂音：62ms、破擦音：90ms）に比べると語中の母音間ではその半分程度（破裂音：26ms、破擦音：58ms）になっており、RVOWTの差は小さくなっている。このことから、RVOWTは激音かその他かという判断に有効であると思われるが、激音の判断にRVOWTの影響は見られなかった。むしろ、平音か濃音かの判断において、RVOWTの影響が見られ、それは子音部の全長の一部として間接的に関与するものであった。ただし、子音種間でのRVOWTの違いが示唆することは、子音部の違いが、子音の判断に決定的な関わり方をしなくても、後続母音の音響的特徴を決める引き金となっているという点である。摩擦音においても、子音部には少なくともその長さにおいて非濃音と濃音とで違いがあり（3章）、子音部の影響に加えて、後続母音の影響があるという結果であった。このことから、語頭と語中ともに後続母音部を詳細に調査する必要性が、研究課題として明確になった。

注

(1) VOTの関与の仕方に関しては、激音とその他の知覚判断に有効であるという報告（Han and Weitzman 1970、Abramson and Lisker 1972、Kim 2004 等）の他にも、平音と濃音の知覚判断にVOTが有効であるという報告（Han 1998）もある。
(2) 小数点以下を四捨五入して提示する（以下同様）。

第 3 章　子音部の検討 2
閉鎖区間長と摩擦区間長

　2章では、語中の母音間においては激音かその他2つの音（平音・濃音）かの判断が後続母音によって行われ、平音と濃音間の知覚判断がRVOWTを含めた子音部の全長によることを示し、語中の母音間における判断には、後続母音だけでなく子音部の影響も深く関わるということを明らかにした。

　本章では、破裂音と破擦音の閉鎖区間長、摩擦音の摩擦区間長を段階的に変化させた刺激音を用い、語中の母音間における平音・激音・濃音の知覚判断における子音部の影響についてさらに詳しく調査する。その際、語頭と語中の母音間との間で子音部の関与の有無やその関与の度合いが異なる理由を検討するため、平音、激音、濃音の後続母音の知覚上の差異に注目して調査を行う。

3.1　先行研究

　語中の母音間における平音、激音、濃音の閉鎖区間長については、배他（1999）と표他（1999）は（両唇、歯茎、軟口蓋）破裂音、신（1997）

と이・정（2000）は（歯茎）破裂音について測定を行った。いずれの研究においても「濃音＞激音＞平音」の順に長いことで一致する。両唇破裂音の平音と濃音について検討を行った Han（1996b）でも濃音が126ms、平音は45ms という結果を得ており、同様の結果を示している。破擦音に関しては、Kim et al（2005）の MRI による所見では子音調音時に硬口蓋への舌との接触時間を測定し、語中の母音間の破擦音の平音・激音・濃音も破裂音と同様の傾向であることが報告されている。知覚実験については、Han（1996a,b）は語中の母音間での両唇破裂音（平音/p/、濃音/p'/ を使用）による2音節語の閉鎖区間を伸縮した刺激音を用いて実験を行った結果、閉鎖区間が長くなると、濃音知覚判断率も高まるという結果を得ている。このように、語中の母音間における子音部の影響においては、語頭のような見解の不一致はないものの、平音と濃音間においてのみ子音部からの影響があるという現象に関する議論や検討はあまり行われていない。そのため、最初に激音語を用いて激音の判断に閉鎖区間長が関与するかどうかを調査してみる価値はある。子音によって子音部の影響の有無と度合いに違いがあれば、さらにその原因を後続母音から探るための実験を行うことにする。

　摩擦音については、Cho et al.（2002）と 韓（2011）において、2音節の無意味語（非濃音/asa/、濃音/as'a/）を使用して語中の母音間の場合の摩擦区間長の測定を行った。両者とも濃音は非濃音より摩擦区間が長いという結果を得、一致する。また、知覚実験では摩擦音の非濃音と濃音の判断において摩擦区間長も非濃音と濃音の判断に影響するが、非濃音語から作られた刺激音と濃音語から作られた刺激音とでは摩擦区間長の影響が異なっていた（韓 2011）。本書 2.5 では、摩擦音の判断には摩擦区間長と後続母音の両者が関与することを示したが、摩擦区間長に関しても、摩擦区間長の影響の調査に加え、後続母音自体にも知覚上の差異があるかどうかを今一度調査する。

3.2 生成実験

3.2.1 実験の手順

(1) 被験者

2章と同様、ソウル生まれで、満18歳まで同地にて生育した20-30代の男女6名（女性3名、男性3名）を対象とした。

(2) テスト語およびテスト文

2章と同じく、破裂音、破擦音、摩擦音のそれぞれについて、平音・激音・濃音を語頭および語中の母音間に埋め込んだ無意味の2音節語（語頭：/taka/, /tʰaka/, /t'aka/, /tsaka/, /tsʰaka/, /ts'aka/, /saka/, /s'aka/、語中の母音間：/ata/, /atʰa/, /at'a/, /atsa/, /atsʰa/, /ats'a/, /asa/, /as'a/）の計16個を検討対象とした。

(3) 統計手法

破裂音と破擦音については、語頭と語中の母音間のそれぞれの音環境別に、平音・激音・濃音間で閉鎖区間長に有意な差があるかどうかを比較するため、テスト語ごとに240発話（6名×10回×4種類のテスト文）について、個々の発話の閉鎖区間長を話者間で対応のあるt検定（両側）を行った上で、子音間の多重比較をBenjamini-Hochberg法で行う（q* = 0.05に設定）。さらに、音環境による違いの有無を調査するために、平音、激音、濃音ごとに語頭と語中の母音間とで閉鎖区間長について対応のあるt検定（両側）を行った。p値について、Benjamini-Hochberg法による多重比較の結果が有意（q* = 0.05）と認められるものを下線で示す。

摩擦音の非濃音と濃音間の摩擦区間長の有意差の有無についても破裂音と破擦音と同一の統計的検定を行う。

3.2.2 結果

実験の結果を図 3-1 から図 3-6 にて示す。棒グラフの黒い棒が平音を、グレーの棒は激音を白い棒は濃音を示す。棒の上に子音種を記すとともにその下に後続母音の平均値と、標準偏差を括弧の中に入れて示す。

(1) 語頭における破裂音、破裂音の閉鎖区間長、摩擦音の摩擦区間長

破裂音でも「濃音＞激音＞平音」の順で長く、先行研究（Dart 1987、Han 1996b）[1]と一致する。破擦音に関しても破裂音の結果と同様の結果が得られた。

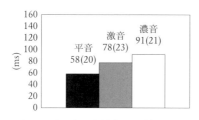
図 3-1 語頭の破裂音の閉鎖区間長

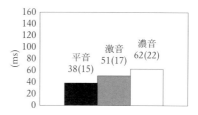
図 3-2 語頭の破擦音の閉鎖区間長

摩擦音については、濃音と非濃音間で有意差はなかった。Cho et al.（2002）では非濃音は濃音より長いという結果を得ているが、Chang（2011）では非濃音は濃音より短いと報告している。また、梅田・梅田（1965）では話者によって非濃音と濃音間での摩擦区間長の差は異なっていたと報告している。このように、本書と先行研究の報告から非濃音と濃音の摩擦区間長は一貫した傾向はないといえる。

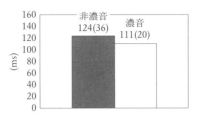

図 3-3　語頭の摩擦音の摩擦区間長

表 3-1　語頭における平音、激音、濃音の閉鎖区間長

語頭		自由度	t 値	p 値
平音 vs 激音	破裂音	5	−3.594	**0.016**
	破擦音	5	−2.824	**0.037**
平音 vs 濃音	破裂音	5	−8.813	**< 0.001**
	破擦音	5	−5.559	**0.003**
激音 vs 濃音	破裂音	5	−6.748	**0.001**
	破擦音	5	−5.747	**0.002**
非濃音 vs 濃音	摩擦音	5	1.601	0.170

(2) 語中の母音間における破裂音、破裂音の閉鎖区間長、摩擦音の摩擦区間長

　語頭と同様の傾向が見られた。「濃音＞激音＞平音」の順で長い。先行研究（Han 1996a,b、배他 1999、표他 1999、신 1997、이・정 2000）。破擦音においても「濃音＞激音＞平音」の順で長かった。

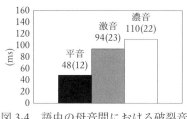
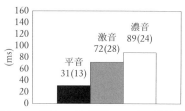

図 3-4　語中の母音間における破裂音の閉鎖区間長

図 3-5　語中の母音間における破擦音の閉鎖区間長

　摩擦音については、非濃音が短く、濃音は長かった。Cho et al. (2002)、韓 (2010) と一致する。

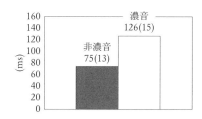

図 3-6　語中の母音間における摩擦音の摩擦区間長

表 3-2　語中の母音間における平音、激音、濃音の閉鎖区間長

語中の母音間		自由度	t 値	p 値
平音 vs 激音	破裂音	5	-8.921	<u>< 0.001</u>
	破擦音	5	-5.226	<u>0.003</u>
平音 vs 濃音	破裂音	5	-13.161	<u>< 0.001</u>
	破擦音	5	-10.396	<u>< 0.001</u>
激音 vs 濃音	破裂音	5	-18.713	<u>< 0.001</u>
	破擦音	5	-5.786	<u>0.002</u>
非濃音 vs 濃音	摩擦音	5	-11.512	<u>< 0.001</u>

（3）語頭と語中の母音間の比較：破裂音、破裂音の閉鎖区間長、摩擦音の摩擦区間長

　破裂音と破擦音ともに激音と濃音は、語頭より語中の母音間のほうが閉鎖区間長が長かった。一方、平音については破裂音では語中の母音間より語頭のほうが閉鎖区間長が長かったが、破擦音では音環境による差はなかった。

　摩擦音については、非濃音は語頭のほうが語中の母音間より摩擦区間長が長かった。逆に、濃音は語頭より語中の母音間のほうが摩擦区間長が長かった。

　このように、子音間での閉鎖区間長、摩擦区間長の差は語頭より語中のほうがより大きいことが明らかになった。

表3-3　平音、激音、濃音それぞれの語頭と語中の母音間における子音の長さの比較

		自由度	t 値	p 値
破裂音	平音	5	2.576	**0.050**
	激音	5	-2.739	**0.041**
	濃音	5	-3.145	**0.026**
破擦音	平音	5	-2.002	0.102
	激音	5	3.2305	**0.023**
	濃音	5	4.587	**0.006**
摩擦音	非濃音	5	5.9425	**0.002**
	濃音	5	-3.187	**0.024**

3.3 知覚実験

3.3.1 実験手順

(1) 音声素材

　2章（2.5）と同一である（表2-11-13）。（テスト語：/ata/, /atʰa/, /at'a/, /atsa/, /atsʰa/, /ats'a/, /asa/, /as'a/、キャリア文：〜라고 해요. /lakohejo/（〜と言います。））。各10回発話に対して平音・激音・濃音間で破裂音と破擦音の閉鎖区間長、摩擦音の摩擦区間長に差があるかどうかについて、反復測定分散分析を行った（有意水準 $p = 0.05$）。分散分析の結果、破裂音と破擦音については子音間で有意差が認められた（破裂音：$F(2, 27) = 302.100, p < 0.001$、破擦音：$F(2, 27) = 195.300, p < 0.001$）。さらに、Benjamini–Hochberg 法による多重比較を行った（$q^* = 0.05$ に設定）。多重比較の結果、破裂音（平音と激音：$p < 0.001$、濃音と激音：$p < 0.001$、濃音と平音：$p < 0.001$）、破擦音（平音と激音：$p < 0.001$、濃音と激音：$p < 0.001$、濃音と平音：$p < 0.001$）ともに「濃音＞激音＞平音」の順で閉鎖区間長が長いという結果を得た。摩擦音の非濃音と濃音間で摩擦区間長に差が認められ（$F(1, 18) = 130.800, p < 0.001$）、「濃音＞非濃音」の順で摩擦区間長は長い。これらの結果は本章の生成実験の結果と一致する。

　刺激音の素材音として採用した音声の子音の長さに関しては、2章（2.5）の表2-11から表2-13の通り、破裂音では閉鎖区間長がそれぞれ平音52ms、激音84ms、濃音90msであり、破擦音では平音30ms、激音59ms、濃音76msであった。摩擦音の摩擦区間長については非濃音72ms、濃音106msである。

（2）刺激音の作成

　最初の実験として、破裂音と破擦音の閉鎖区間長、摩擦音の摩擦区間長の影響を調査する。破裂音と破擦音の子音部の伸縮は、閉鎖区間を10msずつ挿入して伸長を行い、短縮は閉鎖区間の中心から10msずつ短縮を行った。刺激音の構成を表3-4に示す。摩擦音の場合は、摩擦区間の中心を軸として前後5msを切り出し、それをコピーすることによって伸長を行った。短縮は、軸から前後5msずつ削除をする方法で行った。その際、クリック音などが混入しないように注意を払った。伸縮の範囲については、濃音の子音の長さ（破裂音と破擦音の閉鎖区間長、摩擦音の摩擦区間長）と平音（摩擦音では非濃音）の子音の長さの範囲を目安として両側に10msずつ幅を広げた。

　刺激音は、上記の手順で作成した合計56種類（破裂音・破擦音：閉鎖区間7種類×3種類の原音（平音・激音・濃音）＝各21種類、摩擦音：閉鎖区間7種類×2種類の原音（非濃音・濃音）＝14種類）で構成される。

表3-4　刺激音の構成

	子音の長さ
破裂音	7段階：40ms, 50ms, 60ms, 70ms, 80ms, 90ms, 100ms
破擦音	7段階：20ms, 30ms, 40ms, 50ms, 60ms, 70ms, 80ms
摩擦音	7段階：60ms, 70ms, 80ms, 90ms, 100ms, 110ms, 120ms

　さらに、/ata/, /at^{h}a/, /at'a/, /atsa/, /ats^{h}a/, /ats'a/ の先行母音を削除し2音節目だけを被験者に聞かせ、本来の平音、激音、濃音として判断されるかどうかを調査する。これによって、語中の母音間における後続母音の知覚上の差異について検討する。摩擦音（/asa/, /as'a/）についても同様の実験を実施する。

(3) 実験方法

2章（2.4.1 と 2.4.2）と同一である。テスト用紙は、「平音」、「激音」、「濃音」のいずれかを強制選択をするように韓国語で作成した。非濃音 /s/ については、「平音」の欄にチェックするように指示した。

(4) 統計手法

①破裂音と破擦音では閉鎖区間長、摩擦音では摩擦区間長によって子音の判断が行われるかと言えるか、②刺激音の素材が平音か激音か濃音かによって子音の判断の仕方が異なると言えるかを検証する。フィッシャーの直接確率検定（Fisher exact test）を行い、被験者の各刺激音に対する平音、激音、濃音の判断の分布に違いがあるかどうかを調査する。多重比較の検定を Benjamini-Hochberg 法を用いて行った（$q^* = 0.05$）。

p値について、表3-6から表3-8に Benjamini-Hochberg 法による多重比較の結果が有意（$q^* = 0.05$）と認められるものを下線で示す。

(5) 被験者

2章（2.5）と同様、20-30代前半のソウル母語話者10名（男性6名、女性4名）である。

3.3.2　結果

激音語の場合、どの刺激音においても閉鎖区間長に関係なくほぼ100%激音として判断された（破裂音：96%、破擦音：100%）。そのため、以下の図3-7と図3-8には平音語（黒丸●）と濃音語（白丸〇）から作られた刺激音を示す。横軸は閉鎖区間長（ms）を縦軸は濃音としての知覚判断率（%）を表す。図3-9の摩擦音の結果については、非濃音語から作られた刺激音を灰色の三角（▲）で表す。横軸は摩擦区間長（ms）

を表し、縦軸は濃音から作られた刺激音に対する知覚判断率（％）を表す。統計的検定の結果は、表 3-5 から表 3-7 の通りである。

　実験結果全般の傾向として、破裂音、破擦音、摩擦音ともに子音の長さが長くなるにつれ、平音（摩擦音では非濃音）としての知覚判断率は下がり、濃音としての知覚判断が高くなっていくという結果であり、先行研究（Han 1996a,b、韓 2011）と一致する。

　しかし、実験結果を詳細に見ていくと、破裂音の場合（図 3-7）、大半（50ms–80ms）の時点において刺激音の素材による子音の判断の仕方に有意差が認められ（表 3-7）、素材音声によって閉鎖区間長の影響が異なることが明らかになった。濃音語から作られた刺激音は、閉鎖区間長が 2 番目に短い 50ms の時点で濃音として判断される率が既に 60％、次の 60ms の時点ではほぼ 100％となり、閉鎖区間長による影響は平音語から作られた刺激音に比べて早期に現れる。

　摩擦音の場合、刺激音の素材による摩擦区間長の影響は破裂音に比べてさらに大きく、摩擦区間の全時点において（図 3-9）子音の判断の仕方に有意差が認められた（表 3-7）。非濃音語から作られた刺激音では、摩擦区間が長くなるにつれて濃音として判断される率は徐々に増えていくが、最長 120ms の時点でも濃音として判断される率は 50％以下にとどまっている。それに対して、濃音語から作られた刺激音では濃音として判断される率が最短の 60ms で既に 40％もあり、次の 70ms の時点では 80％に近い判断率を示す。

　破擦音については、閉鎖区間の各時点において素材による子音の判断の仕方に違いは認められなかった（表 3-7）。ただし、素材ごとに見てみると、閉鎖区間長による子音の判断の仕方は 40ms と 50ms の比較、50ms と 60ms の比較において同じではない（表 3-5、表 3-6）。

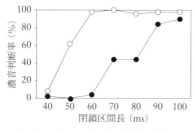
図 3-7　破裂音の濃音知覚判断

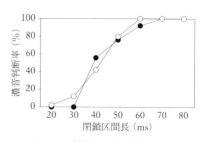
図 3-8　破擦音の濃音知覚判断

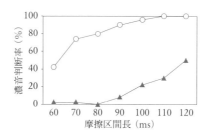
図 3-9　摩擦音の濃音知覚判断

　このように、刺激音の素材が何であるかによって、子音部の長さの影響（有無、程度）に違いがある原因を後続母音に焦点をあてて検討することにした。次の実験では、先行母音を削除して2音節目だけを知覚判断させた場合、2音節目がどのように知覚判断されるかを調査した。

　表3-8に示すように、破裂音における激音と濃音、破擦音における激音と濃音に後続する母音に関しては、それぞれ本来の子音として判断されていた。しかし、平音の場合、濃音として判断されており（破裂音：77%、破擦音：100%）、語中の母音間で平音の後続母音は濃音に類似した聴覚印象を与えていることが明らかになった。摩擦音については、非濃音、濃音ともそれぞれ本来の子音に判断されていた。

　2.5の後続母音の入れ替え実験でも平音と濃音の後続母音を有する刺激音では子音部の長さに影響されて平音か濃音かの判断が行われ、激音

表 3-5 子音の持続時間長による子音の判断の仕方の比較：平音語（/ata/,
/atsa/）と非濃音語（/asa/）の場合

破裂音		破擦音		摩擦音	
40ms vs 50ms	0.495	20ms vs 30ms	1.000	60ms vs 70ms	1.000
50ms vs 60ms	0.242	30ms vs 40ms	< 0.001	70ms vs 80ms	1.000
60ms vs 70ms	< 0.001	40ms vs 50ms	0.057	80ms vs 90ms	0.118
70ms vs 80ms	1.000	50ms vs 60ms	0.054	90ms vs 100ms	0.091
80ms vs 90ms	< 0.001	60ms vs 70ms	0.118	100ms vs 110ms	0.495
90ms vs 100ms	0.757	70ms vs 80ms	1.000	110ms vs 120ms	0.066

表 3-6 子音の持続時間長による子音の判断の仕方の比較：濃音語（/at'a/, /ats'a/, /as'a/）の場合

破裂音		破擦音		摩擦音	
40ms vs 50ms	< 0.001	20ms vs 30ms	0.112	60ms vs 70ms	0.002
50ms vs 60ms	< 0.001	30ms vs 40ms	0.001	70ms vs 80ms	0.470
60ms vs 70ms	1.000	40ms vs 50ms	< 0.001	80ms vs 90ms	0.262
70ms vs 80ms	0.495	50ms vs 60ms	0.001	90ms vs 100ms	0.436
80ms vs 90ms	1.000	60ms vs 70ms	1.000	100ms vs 110ms	0.495
90ms vs 100ms	1.000	70ms vs 80ms	1.000	110ms vs 120ms	1.000

表 3-7 子音の持続時間長の各時点における刺激音による比較

破裂音		破擦音		摩擦音	
40ms	0.362	20ms	1.000	60ms	< 0.001
50ms	< 0.001	30ms	0.027	70ms	< 0.001
60ms	< 0.001	40ms	0.230	80ms	< 0.001
70ms	< 0.001	50ms	0.810	90ms	< 0.001
80ms	< 0.001	60ms	0.118	100ms	< 0.001
90ms	0.057	70ms	1.000	110ms	< 0.001
100ms	0.056	80ms	1.000	120ms	< 0.001

表 3-8　先行母音を削除し、2音節目だけにしたものに対する知覚判断

刺激音		子音の判断（％）		
		平音	激音	濃音
破裂音	平音	23	0	77
	激音	0	100	0
	濃音	0	0	100
破擦音	平音	0	0	100
	激音	0	100	0
	濃音	0	0	100
摩擦音	非濃音	80		20
	濃音	0		100

の後続母音を有する刺激音では子音部の長さの影響はなく激音と判断されるという結果を示し、本実験の結果と一致している。

3.4　考察

　語頭とは異なり、語中の母音間においては後続母音だけでは平音、激音、濃音の判断ができず、子音部からの影響があった。これは、本章の2つ目の実験で示されたように、平音の後続母音が濃音の後続母音に類似した聴覚印象を与えていることが原因として考えられる。すなわち、語中の母音間においては、平音、激音、濃音それぞれの後続母音が、語頭のように聴覚印象の異なる（3つの）母音として存在しているのではなく、「平音と濃音の後続母音」対「激音の後続母音」という、2つの聴覚印象の異なるカテゴリーとして集約されてしまった結果、知覚判断の手がかりを子音部にも求めるようになったためであると考えられる。

摩擦音については、非濃音および濃音の後続母音は、先行母音を削除してもそれぞれもとの子音に後続する母音として判断されており、破裂音や破擦音のように平音と濃音の後続母音が知覚的に似通うといった現象は起きていないことが推測できる。それに伴い、語頭に比べて語中の母音間において摩擦区間長に明確な差が認められたとしても、非濃音語から作られた刺激音では、その摩擦区間長が120msと最長の時点においても濃音判断率は50%を超えず、子音部の影響は限定的である。

　以上のように、語中の母音間での子音部の関与の有無とその程度は後続母音の聴覚印象に左右されていると言える。平音については、音環境によってその後続母音の聴覚印象が変化するという現象が起きていると解釈できる。それが具体的にどのような音響的特徴として現れているかについては、次章以降で詳細に述べる。さらに、破裂音、破擦音だけでなく、摩擦音に関しても同一の検討を行うことにする。

注

(1) 破裂音と破擦音の閉鎖区間長は、語頭では音響信号上において閉鎖がなされる時点が現れないため、その測定は困難である。そこで、Dart（1987）は口腔内での気流と圧力を測定した実験の結果をもとに、語頭両唇音の平音と濃音の閉鎖区間長を測定している。その結果、平音（133.5ms）より濃音（185.25ms）のほうが長いという結果を得た。Han（1996b）は、キャリア文の中に語頭の両唇破裂音の平音語と濃音語を埋め込む方法で語頭破裂音の閉鎖区間の測定を行った。平音は60ms、濃音は85msであった。このように、閉鎖区間長は語頭と母音間の両方において「濃音＞平音」の順で長く、2つの研究の見解は一致する。知覚実験としては、Han（1996a, b）は、キャリア文の中に語頭両唇破裂音（平音 /p/、濃音 /p'/ を使用）による1音節の有意味語を挿入し、閉鎖区間を伸縮した刺激音を作成し、閉鎖区間の影響について調査した。閉鎖区間長は、平音と濃音の知覚判断率に影響しないという結果を得た。

第4章　母音部の検討 1
母音の長さ

　2章と3章では平音、激音、濃音の判断には後続母音が大きく影響するということを示した。本章以降では、具体的に後続母音のどのような音響的特徴が子音の判断に貢献するか調査する。まず、4章では子音に前後する母音の長さの影響について検討する。

4.1　先行研究

　Cho（1996）は、語頭の両唇破裂音の平音・激音・濃音に後続する母音の長さを測定し、「平音＞激音・濃音」の順で長いという結果を得て、後続母音長が子音の知覚判断に影響を与える可能性について述べている。배他（1999）は、語頭（両唇・歯茎・軟口蓋）破裂音の平音・激音・濃音に後続する母音の長さは、「平音＞濃音＞激音」の順で長いと報告している。一方、語中の母音間に関しては濃音（/p'/, /t'/, /k'/）の先行母音長が平音（/p/, /t/, /k/）に比べて短いことを報告している。この結果について배他（1999）は、先行母音長が濃音の知覚判断にも関与する可能性を示している。後続母音長は「平音＞濃音＞激音」の順で長い

が、平音と濃音では実験協力者 3 名のうち 2 名についてはその長さがほとんど同じであることを報告している。

摩擦音については、語頭では Chang（2011）によると、実験結果から、濃音の後続母音が非濃音のそれより長いことを示しているとしている。語中の母音間については、韓（2010）で濃音の先行母音長は非濃音に比べて短いことを報告した。また、非濃音と濃音では後続母音長に差がなかった。韓（2011）では、先行母音長が非濃音と濃音の知覚判断に影響するかについて調べるため、知覚実験を行った。非濃音語（/asa/）と濃音語（/as'a/）の 2 つの無意味語を刺激音の素材として用い、先行母音長は 100ms と 130ms の 2 段階に伸縮した刺激音を作成した。実験の結果、先行母音長は非濃音と濃音の知覚判断に関与しないことがわかった。

それで本章では、破裂音、破擦音だけでなく、摩擦音についても後続母音長が異なるかどうかについて測定を行うと同時に知覚実験も行うことにした。

4.2　生成実験

4.2.1　実験の手順

(1) 被験者

2 章、3 章と同じく、ソウル生まれで、満 18 歳まで同地にて生育した 20-30 代の男女 6 名（女性 3 名、男性 3 名）を対象とした。参加した被験者は録音当時、日本の大阪府に居住しており、日本居住歴は 1-2 年である。

(2) テスト語およびテスト文

2章、3章と同じく、破裂音、破擦音、摩擦音のそれぞれについて、平音・激音・濃音を語頭および語中の母音間に埋め込んだ無意味の2音節語（語頭：/taka/, /tʰaka/, /t'aka/, /tsaka/, /tsʰaka/, /ts'aka/, /saka/, /s'aka/、語中の母音間：/ata/, /atʰa/, /at'a/, /atsa/, /atsʰa/, /ats'a/, /asa/, /as'a/）の計16個を検討対象とした。

(3) 統計手法

語頭と語中の母音間というそれぞれの音環境別に、平音・激音・濃音間で後続母音長に有意な差があるかどうかを比較するため、テスト語ごとに240発話（6名 × 10回 × 4種類のテスト文）について、個々の発話の後続母音長を話者間で対応のあるt検定（両側）を行った上で、子音間の多重比較をBenjamini-Hochberg法で行う（$q^* = 0.05$に設定）。さらに、音環境による違いの有無を調査するために、平音、激音、濃音ごとに語頭と語中の母音間とで後続母音長について対応のあるt検定（両側）を行った。p値について、Benjamini-Hochberg法による多重比較の結果が有意（$q^* = 0.05$）と認められるものを下線で示す。先行母音長についても後続母音と同一の統計的検定を行う。

4.2.2　結果

実験の結果を図4-1から図4-9にて示す。棒グラフの黒い棒が平音を、グレーの棒は激音を白い棒は濃音を示す。棒の上に子音種を記すとともにその下に後続母音の平均値と、標準偏差を括弧の中に入れて示す。

(1) 語頭における後続母音長

破裂音、破擦音ともに濃音が長く、平音と激音は短かった。破裂音は、

平音の後続母音は激音の後続母音より長かったが、破擦音では有意差はなかった。

「平音＞濃音＞激音」の順で後続母音が長いと報告している裵他（1999）とは濃音の後続母音が激音の後続母音より長いという点で部分

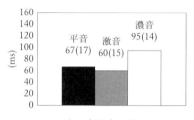

図4-1 語頭の破裂音の後続母音長

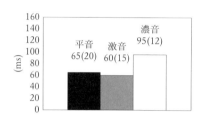

図4-2 語頭の破擦音の後続母音長

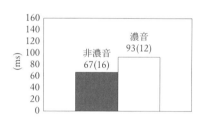

図4-3 語頭の摩擦音の後続母音長

表4-1 語頭における平音、激音、濃音の後続母音長の子音種間の比較

語頭		自由度	t値	p値
平音 vs 激音	破裂音	5	6.298	**0.001**
	破擦音	5	2.063	0.094
平音 vs 濃音	破裂音	5	-6.543	**0.001**
	破擦音	5	-4.718	**0.005**
激音 vs 濃音	破裂音	5	9.906	**< 0.001**
	破擦音	5	10.030	**< 0.001**
非濃音 vs 濃音	摩擦音	5	-2.136	0.086

的に一致する。しかし、Cho（1996）とは一致しなかった。摩擦音については、非濃音より濃音のほうが長いという結果を得てChang（2011）と一致する。

(2) 語中の母音間における先行母音長

語中の母音間における先行母音長に関しては、平音が長く、激音と濃音は短いという結果であった。これは、裵他（1999）と一致する。激音と濃音との比較については、破裂音では激音が濃音より有意に長いという結果だったが、破擦音では有意差がなかった。摩擦音については、子音種間で有意差が認められず、韓（2010）と一致しない。

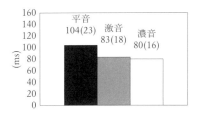
図4-4 語中の母音間の破裂音の先行母音長

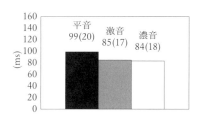
図4-5 語中の母音間の破擦音の先行母音長

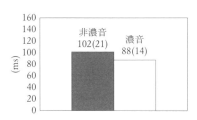
図4-6 語中の母音間の摩擦音の先行母音長

表 4-2　語中の母音間における平音、激音、濃音の先行母音長の子音間の比較

語中の母音間		自由度	t 値	p 値
平音 vs 激音	破裂音	5	3.093	**0.027**
	破擦音	5	3.525	**0.017**
平音 vs 濃音	破裂音	5	3.645	**0.015**
	破擦音	5	4.307	**0.008**
激音 vs 濃音	破裂音	5	5.010	**0.004**
	破擦音	5	0.988	0.369
非濃音 vs 濃音	摩擦音	5	2.518	0.053

(3) 語中の母音間における後続母音長

　語中の母音間における後続母音長については、破裂音、破擦音ともに平音は激音より長いという結果であった。この点では裵他（1999）と一致する。濃音については、破裂音では平音とも激音とも有意差が認められなかった。破擦音では平音とは有意差は認められなかったが、激音より有意に長いという結果であった。一方、摩擦音については非濃音と濃音の後続母音との間では有意差が認められなかった。

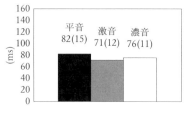

図 4-7　語中の母音間の破裂音の後続母音長

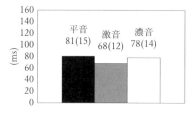

図 4-8　語中の母音間の破擦音の後続母音長

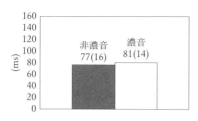

図 4-9　語中の母音間の摩擦音の後続母音長

表 4-3　語中の母音間における平音、激音、濃音の後続母音長

語中の母音間		自由度	t 値	p 値
平音 vs 激音	破裂音	5	3.749	**0.013**
	破擦音	5	6.185	**0.002**
平音 vs 濃音	破裂音	5	2.446	0.058
	破擦音	5	1.4272	0.213
激音 vs 濃音	破裂音	5	-2.955	0.032
	破擦音	5	-8.247	**< 0.001**
非濃音 vs 濃音	摩擦音	5	-2.386	0.063

（4）語頭における後続母音長と語中の母音間における後続母音長との比較

　破裂音、破擦音ともに激音は語頭より語中の母音間のほうが長い。濃音は、反対に語中の母音間より語頭のほうが長い。平音は、破裂音では語頭より語中の母音間のほうが長かったが、破擦音では有意差はなかった。摩擦音については、非濃音は語頭より語中のほうが長かったが、濃音は音環境による有意差はなかった。

　以上のことから、子音種間での後続母音長の差は語中の母音間より語頭のほうが大きいということがわかった。

表4-4 平音、激音、濃音それぞれの語頭と語中の母音間における子音の後続母音長の比較

		自由度	t値	p値
破裂音	平音	5	3.241	**0.023**
	激音	5	3.549	**0.016**
	濃音	5	-10.085	**< 0.001**
破擦音	平音	5	1.953	0.108
	激音	5	3.755	**0.013**
	濃音	5	-13.437	**< 0.001**
摩擦音	非濃音	5	4.495	**0.006**
	濃音	5	0.067	0.949

4.3 知覚実験

4.3.1 実験の手順

(1) 音声素材

合成音声の素材は、筆者による音声で、2章とは違って新たに録音したものである。テスト語は、語頭における破裂音・破擦音・摩擦音のそれぞれの平音・激音・濃音を含む1音節の無意味語（/ta/, /tʰa/, /t'a/, /tsa/, /tsʰa/, /ts'a/, /sa/, /s'a/）で、/lakoheyo/（～と言います。）というキャリア文を付けて発音した。

表4-5と表4-6に示すように、10回の発話のうち、それぞれの分節音の長さの平均値に近い値を持つ音声1つずつを選んで刺激音の素材として使用した。後続母音長、RVOWTともに濃音とその他とで明確な差がある音声であった。この傾向は、2章および本章で行った生成実験の結果と一致する。

表 4-5　筆者の音声（単位：ms、括弧の中：S.D.）

		破裂音			破擦音		
		平音	激音	濃音	平音	激音	濃音
平均値	RVOWT	111(11)	132(17)	8(1)	153(13)	141(16)	36(5)
	後続母音長	59(17)	70(11)	154(8)	91(11)	81(17)	167(13)
原音	RVOWT	112	132	9	150	141	32
	後続母音長	58	80	155	93	77	167

表 4-6　筆者の音声（単位：ms、括弧の中：S.D.）

		非濃音	濃音
平均値	摩擦区間長	205(12)	184(20)
	後続母音長	88(7)	143(10)
原音	摩擦区間長	210	180
	後続母音長	88	151

（2）刺激音の作成

　刺激音の構成を表 4-7 に示す。後続母音部の伸縮の方法は、特定区間をコピーしてそれをペーストしたり一部区間を削除したりするのではなく、Praat の持続時間操作プログラムによって後続母音部の開始から終了までの全区間に対して伸縮を行った（PSOLA 法）。

表 4-7　刺激音の構成

	後続母音の長さ
破裂音	6 段階：60ms, 80ms, 100ms, 120ms, 140ms, 160ms
破擦音	6 段階：80ms, 100ms, 120ms, 140ms, 160ms, 180ms
摩擦音	5 段階：80ms, 100ms, 120ms, 140ms, 160ms

　実験では、46 種類の刺激音（破裂音：6 種類×3（平音・激音・濃音）、破擦音：6 種類×3（平音・激音・濃音）、摩擦音：5 種類×2（非濃音・

濃音))について5回ずつ判断を求めた。合計230個の刺激音をランダムに配列し、30個ずつ8回のセッションに分けて実施した。冒頭にダミーの刺激音を10個聞かせ、テストに慣れるようにした。さらに、各セッションの最初にもダミーを1つ挿入した。

(3) 実験方法

2章(2.4.1と2.4.2)と同一で、テスト用紙は、「平音」、「激音」、「濃音」のいずれかを強制的に選択をするよう韓国語で作成した。非濃音/s/については、濃音に聞こえなければ、「平音」の欄にチェックするように指示した。

(4) 被験者

20-30代のソウル方言話者5名(男性3名、女性2名:2章と3章の知覚実験の参加者のうちの5名)。

4.3.2 結果

5名の被験者による知覚判断の結果、すべての刺激音が、後続母音の長さに関係なく100%の割合で、平音から作られた刺激音は平音、激音から作られた刺激音は激音、濃音から作られた刺激音は濃音として知覚判断されていた。摩擦音についても、非濃音から作られた刺激音は非濃音、濃音から作られた刺激音は濃音として知覚判断されていた。したがって、平音・激音・濃音の知覚判断に後続母音長の影響がないことが明らかになった。

4.4 考察

　生成実験で示したように、子音種間で後続母音の長さに違いがあった。しかし、子音の知覚判断に後続母音長は影響しないことが明らかになった。ここでは後続母音長の影響に関する知覚実験は語頭の場合しか行っていない。しかし、子音種間の後続母音長の相対的な大きさは、語中の母音間では語頭ほど明確ではないため、語中の母音間についても後続母音長の影響はそれほど期待できないと考えられる。

　一方、語中の母音間における先行母音長に関しては、破裂音と破擦音では「平音＞激音・濃音」の順で長く、摩擦音では子音種間で有意差はなかった。破裂音、破擦音については、平音か濃音かの判断に子音部の長さが大きく関与しているため（3章を参照）、先行母音長が短いほど後続する子音部の長さは際立ち、濃音として判断されやすくなる可能性もあるが、先行母音長の影響はあくまで副次的なもので、子音種の判断を大きく左右する効果はないであろう。

　以上のことから、平音、激音、濃音の知覚判断については、母音長の影響は有効でないと結論付けた。次章の5章では先行研究で注目されてきた「後続母音の開始部」について調査を行い、開始部に存在する音響的特徴が知覚判断におよぼす影響について検討する。

第 5 章　母音部の検討 2
後続母音の開始部

　2章と3章では、語頭と語中の母音間における平音、激音、濃音の知覚判断については子音に前後する母音に注目する必要性を示唆した。母音について最初にその長さについて検討を行った結果（4章）、母音長は子音の判断に影響しないことが明らかになった。

　先行研究（Han and Weitzman 1970 等）では、母音開始部が平音、激音、濃音の知覚判断に深く関与するという報告があり、後続母音の開始部に存在する音響的特徴が注目されている。そこで本章では後続母音の開始部について知覚実験を行い、その影響を検討する。

5.1　先行研究

　子音に後続する母音の強さの立ち上がりと、母音の開始部における第1倍音と第2倍音の振幅の差の2項目は、平音・激音・濃音の知覚判断への影響があるのではないかと考えられている音響的特徴である。まず、後続母音の強さの立ち上がりについては、語頭に関する報告がある。梅田・梅田（1965）によると、濃音の後続母音は強さの立ち上がりが平

音と激音のそれに比べて急激であり、母音が始まる瞬間からその母音の最大振幅に達する場合が多いと報告しており、Han and Weitzman (1970) と李・大山 (1999) と一致する。しかし、被験者によって個人差があり一貫した傾向はないことを示した報告 (Shimizu 1996) もあり、不明な点が残る。また、摩擦音に後続する母音については、母音の種類によって傾向が異なることが報告されている (Chang 2011)。

　子音に後続する母音の第1倍音と第2倍音の振幅の差については、Cho et al. (2002) によると、語頭において、その開始部は「平音＞激音＞濃音」の順で大きく、平音、激音では第1倍音が大きく、濃音では第2倍音が大きいと報告している。後続母音の中間部でも第1倍音と第2倍音の振幅の差の測定を行ったが、子音種による違いの差は後続母音の開始部ほど明確ではなかったとしている。また、語頭摩擦音に関しては、後続母音の開始部についてはCho et al. (2002) が非濃音では第1倍音が大きく、濃音では第2倍音が大きいと報告しているが、Chang (2011) は非濃音と濃音とも第1倍音が大きいと報告しており、その結果に相違が見られる。後続母音の中間部では、摩擦音の非濃音と濃音間で第1倍音と第2倍音の振幅の差が認められなかった (Cho et al. 2002)。筆者による調査 (韓 2016a) では、第1倍音と第2倍音の振幅の差が母音全体を通して見られる特徴かどうかについても検討した。30代前半のソウル出身の男性1名による /ta/, /tʰa/, /t'a/, /tsa/, /tsʰa/, /ts'a/, /sa/, /s'a/ の8つの音声について後続母音の開始点から終了点までを10ms間隔で測定を行った。各テスト語は5回ずつ発音してもらった。音響分析の結果、倍音成分の振幅の差はあくまで母音開始点に限定される特徴であり、それ以降の母音区間中はいずれの子音においても第2倍音が第1倍音より優勢であった。このように、第1倍音と第2倍音の振幅の差は、後続母音の開始部にしか明確な差が認められない音響的特徴である。語中の母音間については、岩井 (2014) によると、母音全

長のおよそ半分に近い母音開始から50msまでの区間の平均では、第1倍音と第2倍音の振幅の差は破裂音と破擦音では「激音＞平音・濃音」の順で大きく、濃音と平音では第2倍音が大きく、激音では第1倍音が大きい。摩擦音についてはその差は「非濃音＞濃音」の順で大きく、濃音では第2倍音が大きく、非濃音では第1倍音が大きいという結果となっており、語中の母音間においても第1倍音と第2倍音の振幅の差が子音の判断に寄与する可能性を示した。

　後続母音の開始部が子音の知覚判断に与える影響について調査した研究としては、Han and Weitzman（1970）がある。Han and Weitzman（1970）では、1音節の激音語（/pʰa/, /tʰa/, /kʰa/, /pʰi/, /tʰi/, /kʰi/, /pʰu/, /tʰu/, kʰu/）のVOTをほぼ削除した上で、後続する母音の開始点から約40msまでを数段回に分けて削除した複数の刺激音を作成した。知覚実験の結果、VOTが短くなるにつれ平音としての判断が増え、さらに後続母音の開始部が削除されると、平音としての判断が減り濃音としての判断が多くなっていた。この結果から、後続母音の開始部は子音の知覚判断に関与すると結論付けられている。

　2章において、語頭の子音部は平音、激音、濃音と知覚判断に影響しないことを示し、Han and Weitzman（1970）の結果と一致しないことは既に述べた。ここでは、母音開始部の平音、激音、濃音の知覚判断に対する影響についても相違があるかどうか調査する。

5.2 知覚実験

5.2.1 実験の手順

(1) 音声素材

　2章で使用した同じ音声を刺激音の素材として使用した。語頭については、著者（ソウル方言話者、女性、20代後半）の音声で、平音、激音、濃音（/ta/, /tʰa/, /t'a/, /tsa/, /tsʰa/, /ts'a/, /sa/, /s'a/）を埋め込んだ1音節の無意味語である。語中の母音間については、ソウル方言話者である30代半ばの男性の音声で、平音・激音・濃音を含む2音節の無意味語（/ata/, /atʰa/, /at'a/, /atsa/, /atsʰa/, /ats'a/, /asa/, /as'a/）である。

　素材の音声について第1倍音と第2倍音の振幅の差について調査した結果、語頭については後続母音が開始してから20ms-30msまでは子音種間での違いが見られるが、それ以降の区間では子音種間での第1倍音と第2倍音の振幅の差のあり方に違いはなくなっており、これはCho et al.（2002）と同様の結果であった。語中の母音間については、岩井（2014）とは異なり、母音開始から終了までに子音種間での明確な違いはなかった。母音の強さの立ち上がりについても語頭、語中の母音間ともに子音種による違いはなかった。

(2) 刺激音の作成

　破裂音と破擦音については、語頭と語中の母音間ともにRVOWTを削除し、後続母音の開始点から2周期および4周期までを削除したそれぞれ2段階の刺激音を作成した。

　摩擦音については、語頭と語中の母音間ともに摩擦区間は削除せず、後続母音の開始点から2周期、4周期を削除した2段階の刺激音を作成

した。語中の母音間では、さらに、後続母音の開始から中間時点までを削除した刺激音も作成した。

(3) 実験方法

2章（2.4.1 と 2.4.2）と同一で、テスト用紙は、平音、激音、濃音のいずれかを強制選択をするように韓国語で作成した。非濃音 /s/ については、濃音に聞こえなければ、平音の欄にチェックするように指示した。

(4) 統計手法

後続母音の開始部の有無にかかわらず、素材の音声として子音の判断が行われていると言えるかを検証する。すなわち、素材が同一であれば、同一の判断の仕方を行っているかどうかについて、フィッシャーの直接確率検定（Fisher exact test）を行い、被験者の各刺激音に対する平音、激音、濃音の判断の分布に違いがあるかどうかを調査する。多重比較の検定を Benjamini-Hochberg 法を用いて行った（$q^* = 0.05$）。

(5) 被験者

2章と同じ。語頭の実験については 20-30 代のソウル方言話者 12 名（男性 10 名、女性 2 名）を対象に行った。語中の母音間に関する実験については 20-30 代前半のソウル母語話者 10 名（男性 6 名、女性 4 名）が対象となった。

5.2.2　結果

破裂音と破擦音の知覚実験の結果を表 5-1 と表 5-2 に示す。得られた結果をもとに統計的検定を行った結果、素材が異なる刺激音の比較ではすべての比較において有意差が認められ（$p < 0.001$）、素材が異なれば

表 5-1　破裂音：刺激音に対する知覚判断

刺激音	語頭			語中の母音間		
	平音	激音	濃音	平音	激音	濃音
平音語 2 周期	98	0	2	100	0	0
平音語 4 周期	97	2	2	100	0	0
激音語 2 周期	0	73	27	0	74	26
激音語 4 周期	0	75	25	4	46	50
濃音語 2 周期	7	0	93	0	0	100
濃音語 4 周期	5	8	87	0	4	96

表 5-2　破擦音：刺激音に対する知覚判断

刺激音	語頭			語中の母音間		
	平音	激音	濃音	平音	激音	濃音
平音語 2 周期	100	0	0	100	0	0
平音語 4 周期	100	0	0	100	0	0
激音語 2 周期	0	88	12	26	68	6
激音語 4 周期	0	53	47	36	52	12
濃音語 2 周期	7	2	92	22	0	78
濃音語 4 周期	15	0	85	22	0	78

表 5-3　摩擦音：刺激音に対する知覚判断

刺激音	語頭		語中の母音間	
	濃音	非濃音	濃音	非濃音
非濃音語 2 周期	100	0	100	0
非濃音語 4 周期	100	0	100	0
濃音語 2 周期	0	100	0	100
濃音語 4 周期	0	100	0	100

知覚判断の仕方も異なっていることが明らかになった。以下、同一素材から作られた刺激音の間で知覚判断の仕方に違いがあるかどうかについて見ていく。

　平音語の場合、語頭と語中の母音間とも、2 周期までを削除した刺激音と 4 周期までを削除した刺激音との間に子音の判断に違いがなく（p = 1.000）、いずれにおいてもほぼ 100％平音として判断されていた。

　濃音語についても後続母音の母音開始部を失っても語頭では 85％以上、語中の母音間では 78％以上が濃音として判断され、母音開始部の影響が若干見られる。後続母音開始点から 2 周期削除と 4 周期削除の 2 つの刺激音の間に知覚判断の仕方に違いはなかった（語頭の破裂音：p = 0.178、語中の母音間の破裂音：p = 0.495、語頭の破擦音：p = 0.357、語中の母音間の破擦音：p = 1.000）。

　激音語においては、語頭において後続母音の開始部を失った場合、破裂音では激音としての判断率は、2 周期まで削除した場合が 73％なのに対して、4 周期まで削除した場合でも 75％と同様であり、子音の判断率の分布に違いはない（p = 0.820）。一方、破擦音では激音としての判断が 2 周期までを削除した刺激音が 88％なのに対して、4 周期までを削除すると 53％と低くなり、残りの 47％が濃音として判断されて、2 つの刺激音に子音の判断の分布には有意差が認められた（p < 0.001）。このように、激音語については激音か濃音かの判断に母音開始部の影響はあるが、破裂音と破擦音とでは母音開始部の影響の仕方が異なっていた。また、本実験では、激音に後続する母音の開始部を失っても、Han and Weitzman（1970）の結果のように完全に濃音に聞こえることはなく、その影響は決定的であるとは言えなかった。

　次に、語中の母音間では、激音語の後続母音の開始点から 4 周期までを削除すると、破裂音、破擦音とも激音としての判断率は 50％程度となっている。2 周期まで削除した場合と 4 周期まで削除した場合では、

破裂音は子音の判断率の分布に有意差があったが（p < 0.001）、破擦音ではない（p = 0.262）。このことから、2周期までの区間、4周期までの区間の影響のあり方は破裂音と破擦音とで異なっていた。激音としての判断率の50%程度という値は、一見語頭での結果と同様の傾向のように見えるが、語頭の場合と同等に扱うことはできない。語頭では後続母音によって3種類の子音の判断が可能であったが、語中の母音間では平音の後続母音が濃音の後続母音に類似して知覚判断され、語中の母音間では激音かその他かの2つの後続母音という、いわば「集約」が起きていること（3章 p. 62）を考慮する必要がある。つまり、語中の母音間において、回答の選択肢は、激音かその他かという2つになり、本実験ではそれらが五分五分の判断になっているということになる。これは、語中の母音間で母音開始部を失ったことで、後続母音が子音の判断の手がかりとして働かなかったことを意味し、語中の母音間では、後続母音の開始部が子音の判断におよぼす影響は語頭より大きいと言える。残りのおよそ50%の判断を見てみると、破裂音では濃音に、破擦音では平音により回答が集中している。これは、RVOWTを削除によって残りの子音部が破裂音では86msとまだ長いため、濃音として判断されやすく、破擦音では54msと短いため、平音として判断されやすかったものと分析できる。すなわち、一旦、激音以外のものと判断した場合は、今度は子音部の長さに注目し平音か濃音かが決定されているのである。以上の結果をまとめると、語中の母音間において母音開始部が削除されると、激音かその他かという判断ができなくなり、残りの後続母音部からは子音の聞き分けの手がかりが失われることが示された。

　摩擦音については、語頭と語中の母音間ともに後続母音の開始部の影響はなかった（表5-3）。

5.3 考察

　先行研究から明らかなように、後続母音の開始部における音響的特徴については研究者間での見解の不一致があり、知覚判断についても本章の結果と先行研究とは一致しなかった。本章の知覚実験の示唆するところは、語中の母音間では、平音、激音、濃音の知覚判断に後続母音の開始部が重要であるが、それがどのような音響的特徴であるのか、現段階では不明であるということである。

　先行研究で注目してきた第 1 倍音と第 2 倍音の振幅の差の影響は多少ともあると考えられるが、他の音響的特徴に目を向けてさらなる可能性を模索する必要がある。特に、摩擦音については語頭と語中の母音間ともに母音開始部の影響が見られなかったため、他の音響的特徴の模索は重要である。

　その方向としては、後続母音の開始部にとどまらず、より広い区間について検討を行うということが妥当であろう。次章の 6 章では、先行研究で注目されてきた F0 についての調査を行う。その上で、7 章では、子音に先行あるいは後続する母音について、F0 と母音の強さを調査するとともに、フォルマントについては母音全区間にわたって子音種間で一貫してそれらの差が存在するか否かを検討する。さらに、以上の音響的特徴について、それらの時間的変化も調査し、時間的変化が平音・激音・濃音の知覚判断に影響をおよぼす可能性を検討する。

第 6 章 母音部の検討 3
後続母音の高さ

　5 章では後続母音の開始部について検討したが、後続母音の開始部は子音の知覚判断にはほとんど影響しないという結果であった。したがって、後続母音の開始部にとどまらず、より広い区間に存在する音響的特徴に注目する必要性がある。母音の長さについては既に 4 章で検討し、その影響がないことを示したため、本章では子音に前後する母音の高さについて調査を行う。

　なお、本章の内容は韓（2016c）をもとにしている[1]。

6.1　先行研究

　語頭の子音に後続する母音の開始部での F0 については、破裂音では激音と濃音の F0 は平音のそれより高いと Kagaya（1974）、Kim et al.（2002）および Cho et al.（2002）が報告している。語頭破擦音については、Kagaya（1974）において破裂音と同様の結果を得ている。語頭摩擦音については、Kagaya（1974）、Cho et al.（2002）、Chang（2011）では非濃音の F0 と濃音の F0 との間には明確な差はなかったとされて

いる。Kagaya（1974）によると、語中の母音間における破裂音と破擦音に関しては語頭と同様に激音と濃音は平音より高い傾向があるものの、平音・激音・濃音では重複があり語頭のように F0 の明確な差はない。語中の母音間の摩擦音については、Kagaya（1974）では、語頭と同様に非濃音と濃音では F0 の重複があり、明確な差はないと報告されている。

　一方、知覚判断に関しては F0 の関与の仕方について先行研究の見解は一致しないが、これは、2 章で述べたように、ソウル方言において世代による平音の生成の仕方が変化していること（Silva 2006b）がその原因である可能性がある。F0 の影響について検討した知覚実験（Han 1996a、Kim and Kim 2010）は、F0 の差が明確である語頭の平音と激音・濃音との間で検討が行われている。

　Kim and Kim（2010）は、平音語（/ta/）と激音語（/tʰa/）との間で VOT の差が明確な話者の音声と、その差が明確でない話者の音声について、VOT に加え F0 の影響についても調査した。20 代のソウル方言話者に知覚判断させた結果、平音語と激音語の間で VOT の差が明確ではない音声に関しては VOT より F0 の影響が大きく現れた。さらに、激音語の F0 を平音語と同程度まで低くした場合、その約 70%が平音として判断され、平音語の F0 を激音語と同程度まで高くすると約 70%が激音として判断されると報告している。

　Han（1996a）では、平音語（/pa/）と濃音語（/p'a/）の 2 つの素材音声を用いて、濃音語の F0 を低くすると平音として判断されやすく、平音語の F0 を高くすると濃音として判断されやすいという結果を得、平音か濃音かの判断に F0 が大きく影響すると述べている。しかし、Kim（2004）による実験では平音語（/pa/, /ta/, /ka/, /tsa/）の F0 を変えても濃音に聞こえることはなく、濃音語（/p'a/, /t'a/, /k'a/, /ts'a/）の後続母音の F0 を変えても常に濃音と判断されるとしており、Han（1996a）の結果と一致しない。

Chang（2011）によると、摩擦音の非濃音語（/sa/）と濃音語（/s'a/）については F0 の影響はなかったとしている[(2)]。

以上のように、先行研究では、子音種間での後続母音の F0 の違いについては、主に母音の開始部が検討されており、母音の終わり付近にいたるまでの F0 の差を検討した研究はない。

本書では、F0 について、母音開始部だけにとどまらず、母音全区間にわたって子音種間で差が安定して存在するか否かについて調査を行うとともに、F0 の時間的変化を表すグラフの形状についても調査を行う。その上で、平音、激音、濃音の知覚判断における F0 の影響について調査する。

6.2 生成実験

6.2.1 実験の手順

(1) 被験者

2 章から 5 章までと同じく、ソウル生まれで、満 18 歳まで現地で生育した 20-30 代の男女 6 名（女性 3 名、男性 3 名）を対象とした。

(2) テスト語とテスト文

2 章、3 章、4 章、5 章と同じ。破裂音、破擦音、摩擦音のそれぞれについて、平音・激音・濃音を語頭および語中の母音間に埋め込んだ無意味の 2 音節語（語頭：/taka/、/tʰaka/、/t'aka/、/tsaka/、/tsʰaka/、/ts'aka/、/saka/、/s'aka/、語中の母音間：/ata/、/atʰa/、/at'a/、/atsa/、/atsʰa/、/ats'a/、/asa/、/as'a/）の計 16 個を検討対象とした。

(3) 測定方法

　語頭のテスト語については1音節目のみを分析した。平音・激音・濃音の先行母音および後続母音のF0[3]の時間的変化については、母音区間の4分の1、4分の2、4分の3の時点の3カ所を測定してその時間的変化を観察した。

　なお、母音は先行する子音と後続する子音の両方から異なる影響を受ける可能性があるので、本書では子音が母音におよぼす影響を検討するにあたって、先行母音についてはその後半部を、後続母音についてはその前半部について検討する。ただし、後続母音のF0において前半部だけでなく後半部についても検討する。これは、図6-1と図6-3に示すように後続母音におけるF0の変化の形状はほぼ直線的であり、子音種間での傾きの違いの関係が母音の前半後半ともに一定であったためである。

(4) 統計手法

　F0については、母音の最も安定した箇所である母音の中間点（4分の2）について統計的検定を行う。語頭と語中の母音間のそれぞれの音環境別に、平音、激音、濃音の間で後続母音のF0に有意な差があるかどうかを比較するため、テスト語ごとに240発話（6名×10回×4種類のテスト文）について、個々の発話のF0を話者間で対応のあるt検定（両側）を行った上で、子音間の多重比較をBenjamini-Hochberg法で行う（$q^* = 0.05$に設定）。さらに、音環境による違いの有無を調査するために、平音、激音、濃音ごとに語頭と語中の母音間とでF0について対応のあるt検定（両側）を行った。p値について、Benjamini-Hochberg法による多重比較の結果が有意（$q^* = 0.05$）と認められるものを下線で示す。

　F0の時間的変化については、母音の内部でのその傾きの大きさを手がかりに平音・激音・濃音間で有意な差があるかどうかを検討する。そ

のため、テスト語ごとに 240 発話（6 名×10 回×4 種類のテスト文）について、2 測定点の F0 値から回帰係数を計算し、これについて話者間で対応のある t 検定（両側）を行った上で、子音間の多重比較を Benjamini-Hochberg 法で行う（q* = 0.05 に設定）。平音・激音・濃音間で F0 の時間的変化に有意差があった場合は、平音・激音・濃音のそれぞれの傾きの方向については、それぞれの回帰係数が 0 より小さいか（「下降」と表記）大きいか（「上昇」と表記）を測定し、得られた結果は Benjamini-Hochberg 法で多重比較を行う（q* = 0.05 に設定）。有意差がなかった場合は、表の形状の欄には「―」と表記する。

6.2.2 結果

図 1 から図 3 に F0 の時間的変化を表すグラフを示す。グラフの縦軸は F0（100Hz をベースとする半音値）を、横軸は上述の 3 カ所の測定時点を表す。黒丸（●）は子音が平音の場合、灰色の四角形（■）は激音、白丸は濃音（○）、灰色の三角形（▲）は摩擦音の非濃音を表す。

(1) 語頭

後続母音の中間時点における子音種間での F0 の差は、破裂音、破擦音ともに「激音＞濃音＞平音」の順で大きく、摩擦音では有意差はなかった（表 6-1）。これらの結果は Kagaya（1974）、Kim et al.（2002）、Cho et al.（2002）と一致する。

次に、F0 の時間的変化について述べる。まず、後続母音の前半における子音種間の F0 の傾きの相対的差を見ると、破裂音では濃音と平音の間、濃音と激音の間で F0 の傾きの大きさに有意差が認められ、破擦音では濃音と平音の間で有意差があった（表 6-2）。しかし、破裂音、破擦音とも平音と激音の間に有意差はなかった。摩擦音では、濃音と非

表 6-1 語頭における平音、激音、濃音の間の後続母音の F0 の比較

語頭		自由度	t 値	p 値
平音 vs 激音	破裂音	5	-14.223	<u>< 0.001</u>
	破擦音	5	-17.402	<u>< 0.001</u>
平音 vs 濃音	破裂音	5	-12.729	<u>< 0.001</u>
	破擦音	5	-9.841	<u>< 0.001</u>
激音 vs 濃音	破裂音	5	-4.436	<u>0.007</u>
	破擦音	5	-4.053	<u>0.010</u>
非濃音 vs 濃音	摩擦音	5	1.138	0.307

表 6-2 語頭の子音に後続する母音の F0：子音種間での傾きの差

語頭		破裂音			破擦音			摩擦音
		平音 vs 激音	平音 vs 濃音	激音 vs 濃音	平音 vs 激音	平音 vs 濃音	激音 vs 濃音	非濃音 vs 濃音
自由度		5	5	5	5	5	5	5
前半	t 値	-1.799	-.047	-4.938	-1.767	-3.680	1.927	-3.197
	p 値	0.132	<u>0.010</u>	<u>0.004</u>	0.138	<u>0.014</u>	0.112	<u>0.024</u>
後半	t 値	-0.200	-10.527	-6.219	0.477	-3.471	-5.726	-3.497
	p 値	0.849	<u>< 0.001</u>	<u>0.002</u>	0.653	<u>0.018</u>	<u>0.002</u>	<u>0.017</u>

表 6-3 語頭の子音に後続する母音の F0：平音・激音・濃音それぞれの傾きの方向

語頭		破裂音			破擦音			摩擦音	
		平音	激音	濃音	平音	激音	濃音	非濃音	濃音
前半	p 値	0.858	0.975	0.821	0.878	0.991	0.911	0.955	0.904
	方向	―	―	―	―	―	―	―	―
後半	p 値	0.926	0.931	0.780	0.864	0.904	0.818	0.965	0.810
	方向	―	―	―	―	―	―	―	―

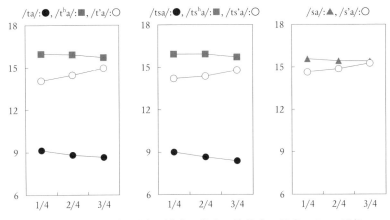

図 6-1a, b, c　語頭の平音・激音・濃音に後続する母音の F0 の形状

濃音の間に有意差が認められた。

　後続母音の後半についても前半とほぼ同じ傾向であり、破裂音、破擦音、摩擦音ともに濃音の場合は平音・激音の場合より傾きが大きい。このように、濃音の傾きが他より大きいという特徴は、母音の終盤に近づくほど声帯の振動数が相対的に高いことを意味する。Hirose et al. (1974) では、語頭の破裂音の濃音の発音時に声帯のヒダを緊張させる声帯筋と声帯の内転に関わるとされる外側輪状披裂筋に活発な働きが観察されるという報告がなされている。これは、濃音の生成時にこれらの筋肉の働きが減衰せずに母音の終了部にまで持続することを示すものである。

　一方、平音、激音、濃音それぞれの F0 の傾きの方向については（表 6-3）、いずれの場合も 0 より有意に大きくも小さくもなかった。このように、子音種間での F0 の傾きに相対的な差が見られるものの、個別には上昇、下降と言えるほどの明確な特徴のないことが明らかになった。

　以上の結果から、最初に述べた子音種間での F0 の差の関係については、その関係がそのまま母音の全区間にわたって継続していると言える。

(2) 語中の母音間
①先行母音

　平音、激音、濃音に先行する母音の中間時点において、子音種間でF0に有意差はなかった（表6-4）。子音種間でのF0の傾きの相対的差についても、先行母音の後半において子音種間で有意差は認められなかった（表6-5）。

表6-4　語中の母音間における平音、激音、濃音の間の先行母音のF0の比較

語中の母音間		自由度	t値	p値
平音 vs 激音	破裂音	5	0.664	0.536
	破擦音	5	0.183	0.862
平音 vs 濃音	破裂音	5	1.013	0.358
	破擦音	5	-0.663	0.537
激音 vs 濃音	破裂音	5	0.645	0.548
	破擦音	5	-0.562	0.598
非濃音 vs 濃音	摩擦音	5	0.203	0.847

表6-5　語中の母音間の子音に先行する母音のF0：子音種間での傾きの差

語中の母音間 先行母音	破裂音			破擦音			摩擦音
	平音 vs 激音	平音 vs 濃音	激音 vs 濃音	平音 vs 激音	平音 vs 濃音	激音 vs 濃音	非濃音 vs 濃音
自由度	5	5	5	5	5	5	5
t値	3.033	4.258	1.003	1.604	1.419	-0.284	3.331
p値	0.029	0.008	0.362	0.170	0.215	0.788	0.021

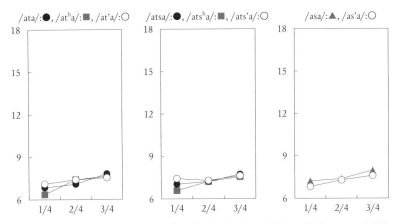

図 6-2a,b,c　語中の母音間の平音・激音・濃音に先行する母音の F0 の形状

②後続母音

　語中の後続母音についても語頭と同様の傾向を示した。後続母音の中間時点における子音種間での F0 の差は、破裂音、破擦音ともに「激音＞濃音＞平音」の順で大きく、摩擦音では有意差はないという結果であり（表 6-6）、Kagaya（1974）と同様の結果を示す。ただし、語中の母音間では子音種間の F0 が語頭に比べて小さくなっている。これについては、次の（3）語頭と語中の母音間との比較で詳しく述べる。

　次に、F0 の時間的変化について述べる。まず、子音種間での F0 の傾きの相対的差については、語中における後続母音の前半では、破擦音の平音の場合と濃音の場合の間でのみ傾きの大きさに有意差があった（表 6-7）。しかし、ここではむしろ母音の後半において違いが顕著である。後半では、破裂音と破擦音ともに、平音と激音の間、平音と濃音の間で有意差が認められた。表 6-7 から、語中の母音間では破裂音、破擦音ともに、平音に後続する母音の F0 の傾きは濃音より正方向に大きいと言えるが、平音と濃音の関係は語頭とは反対の傾向を示している。平音は、有声音化することによって後続母音においても声帯の振動が一層活発に

表 6-6 語中の母音間における平音、激音、濃音の間の後続母音の F0 の比較

語中の母音間		自由度	t 値	p 値
平音 vs 激音	破裂音	5	-7.438	**0.001**
	破擦音	5	-9.834	**< 0.001**
平音 vs 濃音	破裂音	5	-4.302	**0.008**
	破擦音	5	-5.159	**0.004**
激音 vs 濃音	破裂音	5	-3.677	**0.014**
	破擦音	5	-3.874	**0.012**
非濃音 vs 濃音	摩擦音	5	0.876	0.421

表 6-7 語中の母音間の子音に後続する母音の F0：子音種間での傾きの差

語中の母音間 後続母音		破裂音			破擦音			摩擦音
		平音 vs 激音	平音 vs 濃音	激音 vs 濃音	平音 vs 激音	平音 vs 濃音	激音 vs 濃音	非濃音 vs 濃音
自由度		5	5	5	5	5	5	5
前半	t 値	1.308	2.069	0.098	2.565	4.816	-0.151	1.338
	p 値	0.232	0.065	0.925	0.050	**0.005**	0.886	0.211
後半	t 値	3.639	3.287	-1.176	4.346	3.353	-2.83	0.042
	p 値	**0.007**	**0.008**	0.272	**0.007**	**0.020**	0.037	0.967

表 6-8 語中の母音間の子音に後続する母音の F0：平音・激音・濃音それぞれの傾きの方向

語中の母音間 後続母音		破裂音			破擦音			摩擦音	
		平音	激音	濃音	平音	激音	濃音	非濃音	濃音
前半	p 値	0.910	0.945	0.952	0.931	0.905	0.913	0.986	0.900
	方向	—	—	—	—	—	—	—	—
後半	p 値	0.891	0.906	0.967	0.949	0.873	0.972	0.964	0.967
	方向	—	—	—	—	—	—	—	—

第6章　母音部の検討3

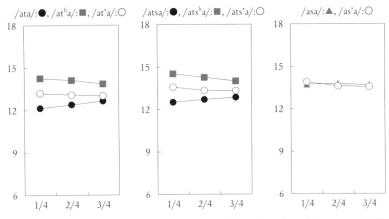

図 6-3a, b, c　語中の母音間の平音・激音・濃音に後続する母音の F0 の形状

なったと解釈できる。濃音は、語中の母音間では声帯振動数が減少し、語頭ほど後頭部の筋肉の活発な動きはないことを示す。摩擦音の場合、語頭と同様、濃音と非濃音間に有意差は見られない。

　一方、平音、激音、濃音それぞれの後続母音の F0 の傾きの方向については、語頭と同様、いずれも 0 より有意に大きくも小さくもなかった（表 6-8）。このように、語中の母音間においても F0 の傾きには子音種間で相対的な差があるが、個別には上昇、下降と言えるほどの明確な特徴のないことが明らかになった。

(3) 語頭と語中の母音間との比較

　語頭と語中の母音間の F0 を比較すると、表 6-9 に示すように、破裂音、破擦音とも同じ傾向が見られ、平音は語頭より語中の母音間で F0 は高かったが、激音と濃音はその逆で語頭より語中の母音間で F0 は低かった。子音種間での F0 の関係は、語頭と語中の母音間とも「激音＞濃音＞平音」というものだったが、語中の母音間では子音種間での F0 の差が小さく、語頭ほど顕著ではないことが明らかになった。

表6-9 平音、激音、濃音それぞれの語頭と語中の母音間における後続母音のF0の比較

		自由度	t値	p値
破裂音	平音	5	−11.555	**< 0.001**
破裂音	激音	5	4.010	**0.010**
破裂音	濃音	5	3.939	**0.011**
破擦音	平音	5	11.838	**< 0.001**
破擦音	激音	5	−3.719	**0.014**
破擦音	濃音	5	−2.689	**0.043**
摩擦音	非濃音	5	3.375	0.020
摩擦音	濃音	5	0.289	0.784

摩擦音については、非濃音、濃音とも音環境によるF0の違いはなかった。

6.3 知覚実験

生成実験において子音種間でF0の差がより大きかった語頭の平音、激音、濃音について調査を行う。

6.3.1 実験の手順

(1) 音声素材

2章、3章および5章と同じく、著者（ソウル方言話者、女性、20代後半）の音声を使用した。破裂音と破擦音のそれぞれの平音、激音、濃音（/ta/, /tʰa/, /t'a/, /tsa/, /tsʰa/, /ts'a/）をキャリア文の中に埋め込ま

ずに 10 回発音し、各分節音の長さ、後続母音の F0（表 6-10）、強さ、第 1 倍音と第 2 倍音の振幅の差、F1 を測定し、総合的に平均値に近い音声を合成音声の素材として用いた。

知覚実験の素材の音声については、後続母音の 5 分の 1、5 分の 2、5 分の 3、5 分の 4、5 分の 5 の 5 箇所について F0 の測定を行った。その際、生成実験と同様に F0 の時間的変化の違いを考慮したが、子音種による F0 の時間的変化に多少違いはあるものの、顕著な差はなく、子音種にかかわらず、いずれも緩やかに下降しており子音による違いはなかった。そのため、知覚実験では子音種間での F0 の差にだけ注目して検討を行う。

まず、破裂音、破擦音の平音、激音、濃音間で後続母音の中間時点の F0 に差があるかどうかについて反復測定分散分析を行った（有意水準 $p = 0.05$）。分散分析の結果、破裂音と破擦音については子音間で有意差が認められた（破裂音：$F(2, 27) = 81.882, p < 0.001$、破擦音：$F(2, 27) = 59.163, p < 0.001$）。さらに、多重比較の検定を Benjamini-Hochberg 法を用いて行った（$q^* = 0.05$）。多重比較の結果、破裂音（平音と激音：$p < 0.001$、濃音と激音 $p < 0.001$、濃音と平音 $p < 0.001$）、破擦音（平音と激音：$p < 0.001$、濃音と激音 $p < 0.001$、濃音と平音 $p < 0.001$）ともに「激音＞平音＞濃音」の順で F0 が高いという結果を得た。摩擦音については有意差は認められなかった（$F(1, 18) = 0.086, p = 0.773$）。

表 6-10 刺激音の F0（単位：Hz）

	破裂音			破擦音			摩擦音	
	平音	激音	濃音	平音	激音	濃音	非濃音	濃音
10 回発話の平均値(S.D.)	211 (15)	283 (23)	252 (13)	192 (18)	264 (18)	223 (12)	221 (20)	217 (23)
素材の音声	208	277	255	189	255	220	217	208

以上の結果は、先行研究（Kagaya 1974、Cho et al. 2002 等）と本章の生成実験の結果と一致する。

（2）刺激音の作成

刺激音の作成に際しては、F0 の操作を行い、破裂音と破擦音については、平音の F0 を激音の F0 に相当する高さに引き上げ、激音の F0 は平音の F0 に相当する高さに引き下げた。濃音は平音と激音の両方の F0 に相当する高さになるよう操作した。F0 の変更においては、母音の 5 分の 1、5 分の 2、5 分の 3、5 分の 4、5 分の 5 の時点の F0 を測定した結果に合わせてそれぞれの F0 の形状を変更した。

摩擦音については、子音種間において F0 に差が見られなかったが、高さを 2 段階（180Hz と 300Hz）に設定し、その影響について知覚実験を行うこととした。非濃音、濃音のそれぞれについて後続母音の中間時点（5 分の 3）を 180Hz と 300Hz の 2 種類に変え、他の部分（5 分の 1、5 分の 2、5 分の 4、5 分の 5）についても、母音の中間時点の F0 と同じだけの差を素材から差し引くことで、なるべく F0 の形状を崩さないようにした。

（3）実験方法

2 章（2.4.1 と 2.4.2）と同一である。テスト用紙は、平音、激音、濃音のいずれかを強制的に選択するように韓国語で作成した。非濃音 /s/ については、濃音に聞こえなければ、平音の欄にチェックするように指示した。

（4）統計手法

F0 の違いによって、被験者の各刺激音に対する平音、激音、濃音の判断の分布の比率に差があるかどうかについて調査するために、フィッ

シャーの直接確率検定（Fisher exact test）を行い、被験者の各刺激音に対する平音、激音、濃音の判断の分布に違いがあるかどうかを調査する。多重比較の検定を Benjamini-Hochberg 法を用いて行った（$q^* = 0.05$）。

(5) 被験者

2 章から 5 章と同様、20-30 代のソウル方言話者 10 名（男性 6 名、女性 4 名）が対象である。

6.3.2 結果

破擦音と摩擦音では子音の判断の回答がそれぞれ 100％という確率だったため、統計的分析は行わなかった。破裂音では、各刺激音の間で子音の判断の分布に違いがあるかを検証した結果、すべての比較において有意差が認められ（$p < 0.001$）、被験者が刺激音ごとに明確な判断基準を持って行っていることがわかった。

まず、破裂音と破擦音の結果について述べる。表 6-11 に示すように、破裂音と破擦音では平音語（/ta/, /tsa/）を激音と同等に高くすると激音として判断され、激音語（/tʰa/, /tsʰa/）を平音と同等に低くすると平音として判断されるという結果であった。これは Kim and Kim（2010）と同様の結果だったが、本研究のほうが F0 の影響がより大きい。

一方、濃音語（/t'a/, /ts'a/）については F0 の変化にかかわらず、常に濃音と判断されており、F0 の影響がなかった。これは Kim（2004）と一致する。Han（1996a）では平音か濃音かの判断に F0 が大きく関わるとしているが、本実験ではそのような傾向は見られず、Han（1996a）とは一致しない。

摩擦音の場合（表 6-12）、非濃音か濃音かの判断に F0 は関与しないという結果であり、Chang（2011）と一致する。

表 6-11　語頭の破裂音と破擦音の平音・激音・濃音の F0 の影響

刺激音		知覚判断（％）		
素材	F0 の変更後	平音	激音	濃音
破裂音 平音語	激音	0	100	0
破裂音 激音語	平音	88	12	0
破裂音 濃音語	平音	0	0	100
破裂音 濃音語	激音	20	0	80
破擦音 平音語	激音	0	100	0
破擦音 激音語	平音	100	0	0
破擦音 濃音語	平音	0	0	100
破擦音 濃音語	激音	0	0	100

表 6-12　語頭の摩擦音の F0 の影響

刺激音		知覚判断（％）	
素材	F0 の変更後	非濃音	濃音
濃音語	平音	100	0
濃音語	激音	0	100

6.4　考察

　本章での結果は、濃音の判断に F0 が影響しないという点で Kim（2004）と一致した。摩擦音の子音の判断においても F0 が影響しないということで Chang（2011）と一致する。ところが、平音か激音かの判断には F0 の影響が大きく関わるという結果になっており、これは Kim and Kim（2010）の結果より F0 が重要な役割を果たすことを示している[4]。また、平音か濃音かの判断については F0 の影響はないという結

果であり[5]、Kim（2004）と一致するが、Han（1996a）とは一致しない。このように、F0の関わり方とその程度については、先行研究と本書との間で必ずしも一致していない。

　この原因については、2章のRVOWT、5章の母音開始部でも述べたように、「ソウル方言における平音、激音、濃音の通時的変化（Silva 2006b）」によるためと考えることができ、平音、激音、濃音の音声の変化はVOTにとどまらず、その前後する母音にもおよんでいると言える。知覚実験においても、VOTだけでなく、母音開始部、後続母音のF0の影響に不一致が見られるのはむしろ当然と言える。

　語中の母音間については、語頭に比べてその差が小さいとは言え、破裂音と破擦音とも「激音＞濃音＞平音」の順でF0が高く子音種間でF0に差がある。したがって、語頭と同様に、激音と平音の判断にF0が影響する可能性がある。しかし、語頭のように2つの子音の後続母音のF0の違いが大きくないため、その影響は語頭ほど大きくないと考えられる。一方、濃音と平音の判断にはF0は関与しない可能性が高い。これは、3章の、先行母音を削除する実験において先行母音を失った平音語が濃音と判断されていたことから推測できる。

　後続母音のF0の時間的変化については、子音種間での相対的なF0の傾きに違いが見られた。破裂音と破擦音については、語頭では濃音と平音の間、濃音と激音の間で差があり、濃音の傾きが大きかった。語中の母音間では、語頭では平音と激音、平音と濃音の間で差があり、平音の傾きが大きく、平音と濃音の関係は語頭と語中の母音間とで反対の傾向であった。摩擦音については、語頭では非濃音と濃音の間で有意差が認められ、濃音の傾きが大きいという結果を得たが、語中の母音間では有意差がなかった。

　しかしながら、平音、激音、濃音それぞれのF0の傾きの方向については、語頭と語中の母音間とも、いずれの子音においても0より有意に

大きくも小さくもないという結果であり、上昇や下降と言えるほどの明確な特徴はなかった。つまり、F0 の傾きとその方向について子音種による差に一貫した傾向は見られない。このことから、子音による F0 の傾きの違いについては、子音の知覚判断への影響の可能性は低いと考えられる。

　次章では、子音に前後する母音の強さの時間的変化、フォルマントの時間的変化について調査し、それらの音響的特徴が平音・激音・濃音の知覚判断に関与する可能性について検討する。

注

(1) 韓喜善（2016c）「韓国語 ソウル方言の平音・激音・濃音の先行母音および後続母音における高さ、強さ、フォルマントの時間的変化」『音声研究』20(2)。

(2) ただし、Chang（2011）では高母音（/si/, /s'i/, /su/, /s'u/, /sɯ/, /s'ɯ/）ではF0の影響がやや見られたと報告しており、後続母音の種類によって知覚判断の仕方が変わることが示された。したがって、/a/にとどまらず、他の母音についても同様の音響分析を行う必要がある。

(3) F0は自己相関法（40msガウス型窓）で抽出し、これを100Hzベースとなる半音値（st）に変換したものを用いている。

(4) これは、本書の生成実験の結果を総合的に見て、語頭の平音と激音の音響的特徴を比較したところ、閉鎖区間長とF0に違いがある一方、RVOWT、後続母音長、後続母音全区間での強さ（7章参照）、後続母音のF1の形状（7章参照）についてはほぼ同一であった。このことから、平音と激音の知覚判断はF0に全面的に依存していると考えられ、激音と平音の判断にF0が大きな手がかりとなっていることは当然と言える。

(5) 本書の生成実験の結果を総合的に見ると、語頭の平音と濃音とでは、閉鎖区間長、RVOWT、後続母音長、後続母音全区間でのF0と強さ（7章参照）、後続母音のF1の形状（7章参照）、すべての項目において違いがあり、そもそも平音と濃音の間の判断が平音と激音の場合のようにF0の高低だけで判断されるとは考えにくい。

第7章　母音部の検討4
母音における強さ、
　　フォルマントの時間的変化

　これまでの章において平音・激音・濃音の知覚判断の手がかりについて明らかになったことは、
①語頭では平音か激音かの判断がF0によって行われること
②語中の母音間では平音か濃音かの判断は閉鎖区間長によって行われること
③語中の母音間の摩擦音が濃音か非濃音かの判断には摩擦区間長の影響があること
の3点である。
　しかし、語頭では濃音―平音、濃音―激音の判断、および摩擦音の濃音―非濃音の判断、そして語中の母音間では激音―平音、激音―濃音間の判断、摩擦音の非濃音―濃音の判断の手がかりについては不明であり、後続母音のどの音響的特徴がどのように知覚判断に関わるかは明らかになっていない。これらの子音の判断には、RVOWTは影響しないこと（2章）、後続母音長は影響しないこと（4章）、後続母音の開始部における音響的特徴に注目するだけでは不十分で（5章）、さらに後続母音全体にわたって子音種による違いが見られる音響的特徴に注目する必要性がある。

本章では、前章で検討を行った子音に前後する母音のF0の時間的変化に加え、母音の強さの時間的変化、フォルマントの時間的変化について調査し、それらの音響的特徴が平音・激音・濃音の知覚判断に関与する可能性について検討する。なお、本章の内容は韓（2016c）をもとにしている[1]。

7.1　先行研究

平音、激音、濃音に前後する母音の強さに関する先行研究には、母音の立ち上がりに関するものがある（梅田・梅田1965、Han and Weitzman 1970、李・大山1999、Shimizu 1996、Chang 2011）。しかし、その内容については先行研究の間で一貫していない（5章の先行研究を参照）。さらに、母音開始部よりも広い区間における強さの関係とその時間的変化という視点からの検討はこれまでなされてこなかった。

後続母音のフォルマント周波数についても、語頭に関する報告がほとんどであり（梅田・梅田1965、梅田1983、Chang 2011等）、より広い区間における時間的変化という視点からの検討は管見の限り存在しない。梅田（1983）は、語頭における破裂音、破擦音、摩擦音のそれぞれの平音・激音・濃音における8つの後続母音（/i/, /e/, /ɛ/, /ɯ/, /ʌ/, /a/, /o/, /u/）について、後続母音に移行する過渡的部分の2箇所と、子音の調音による著しい影響を避けるために150ms以後のセクションに関して検討している。まず、過渡的部分については、後続母音が/a/と/ɛ/なら、濃音に後続する場合は平音、激音に後続する場合よりF1が低いという傾向が見られた。/o/は、摩擦音が濃音の場合は非濃音の場合より後続母音のF1が低く、F2は反対に濃音の場合が非濃音の場合より高い傾向が見られた。他の母音では子音種による一貫した傾向はな

かった。また、150ms 以後の時点について、/a/ の場合、破裂音と摩擦音では濃音の F1 が平音・激音より低いという結果を報告している。/ɯ/ と /ʌ/ については /a/ とは反対の場合がほとんどであった。その他の母音については、一貫した傾向がないか（/i/, /e/, /ɛ/, /ʌ/）、ほぼ差がないという傾向が見られた（/o/, /u/）。これについて梅田（1983）は、濃音が先行すると、/a/ では口の開きがやや狭く、中舌ではやや広くなると解釈している。F2 に関しては、濃音が先行する場合は平音と激音が先行する場合に比べて、前舌母音（/i/, /e/）と /a/ では F2 がより高く、後舌母音（/u/, /o/）ではより低くなる傾向が見られた。これについて、梅田（1983）は、濃音に続く母音においては、前舌母音と /a/ はより前寄りとなり、後舌母音はより後ろ寄りとなると解釈している。F3 と F4 の高次フォルマントについては、すべての母音において子音種間での差が見られなかったことから、高周波数帯域の成分は平音・激音・濃音の知覚判断に重要な役割を果たさない可能性があることも指摘している。

　このように、時間軸上の異なる箇所のデータをもとに平音・激音・濃音それぞれの後続母音のフォルマントの傾向を異なるものとしている。しかし、それらを時間の変化とともにフォルマントが動的に変化している可能性として捉え、測定箇所を増やして均等な間隔で測定すれば、平音・激音・濃音の調音の違いがそれぞれの後続母音にどのような音響的変化をおよぼすかを示すことができ、そのことが子音の知覚判断に関わる可能性についても検討することができるのではないかと考えられる。

7.2　実験の手順

（1）被験者
　2 章から 6 章までと同じく、ソウル生まれで、満 18 歳まで現地で生

育した 20-30 代の男女 6 名（女性 3 名、男性 3 名）を対象とした。

(2) テスト語とテスト文

2 章、3 章、4 章、5 章、6 章と同じ。破裂音、破擦音、摩擦音のそれぞれについて、平音・激音・濃音を語頭および語中の母音間に埋め込んだ無意味の 2 音節語（語頭：/taka/, /tʰaka/, /t'aka/, /tsaka/, /tsʰaka/, /ts'aka/, /saka/, /s'aka/、語中の母音間：/ata/, /atʰa/, /at'a/, /atsa/, /atsʰa/, /ats'a/, /asa/, /as'a/）の計 16 個を検討対象とした。

(3) 測定方法

語頭のテスト語については 1 音節目のみを分析した。平音・激音・濃音の先行母音および後続母音の強さ[2]の時間的変化については、母音区間の 4 分の 1、4 分の 2、4 分の 3 の時点の 3 カ所を測定してその時間的変化を観察した。7.2.2 に示す実験結果では話者 6 名による各 40 発話の平均値を提示する。

フォルマント[3]の時間的変化については、A（テスト語が文頭に位置しフォーカスが存在する発話）と B（テスト語が文頭に位置しフォーカスが存在しない発話）のみを分析した。そして、梅田・梅田（1965）、梅田（1983）の分析結果から特に重要と考えられる F1 と F2 のそれぞれの周波数（以下、F1、F2 と略す）を検討する[4]。母音開始部から母音終了部まで 6ms 間隔で行った。先行母音については母音の終了点を、後続母音については母音の開始点を起点とし平均値を算出した。

4 章と韓（2011）の知覚実験において母音の長さは破裂音、破擦音、摩擦音ともに平音・激音・濃音の判断に影響しないという結果を得たため、F0 の場合と同様に、グラフの提示において、その幅を揃えた形で示す。ただし、フォルマントについては、調音にかかった時間についての観察を行う必要があるため、母音長を反映した形で提示する。

なお、母音は先行する子音と後続する子音の両方から異なる影響を受ける可能性があるので、本章では子音が母音におよぼす影響を検討するにあたって、先行母音についてはその後半部を、後続母音についてはその前半部について検討する[5]。

(4) 統計手法

母音の強さについては、母音の最も安定した箇所である母音の中間点（4分の2）について統計的検定を行う。語頭と語中の母音間のそれぞれの音環境別に、平音、激音、濃音の間で後続母音の強さに有意な差があるかどうかを比較するため、テスト語ごとに240発話（6名×10回×4種類のテスト文）について、個々の発話の母音の強さを話者間で対応のある t 検定（両側）を行った上で、子音間の多重比較を Benjamini-Hochberg 法で行う（$q^* = 0.05$ に設定）。さらに、音環境による違いの有無を調査するために、平音、激音、濃音ごとに語頭と語中の母音間とで母音の強さについて対応のある t 検定（両側）を行った。p 値について、Benjamini-Hochberg 法による多重比較の結果が有意（$q^* = 0.05$）と認められるものを下線で示す。

母音の強さの時間的変化については、母音の内部でのその傾きの大きさを手がかりに平音・激音・濃音間で有意な差があるかどうかを検討する。そのため、テスト語ごとに240発話（6名×10回×4種類のテスト文）について、2測定点の母音の強さの値から回帰係数を計算し、これについて話者間で対応のある t 検定（両側）を行った上で、子音間の多重比較を Benjamini-Hochberg 法で行う（$q^* = 0.05$ に設定）。平音・激音・濃音間で母音の強さの時間的変化に有意差があった場合は、平音・激音・濃音のそれぞれの傾きの方向については、それぞれの回帰係数が0より小さいか（「下降」と表記）大きいか（「上昇」と表記）を測定し、得られた結果は Benjamini-Hochberg 法で多重比較を行う（$q^* = $

0.05 に設定）。有意差がなかった場合は、表の形状の欄には「―」と表記する。母音のフォルマントについても同一の統計的検定を行う。

ただし、母音の F1 と F2 の場合、A と B のみを分析したため、各テスト語に対する発話数はそれぞれ 120 個である。また、母音の F1 と F2 の場合、6ms 間隔でフォルマント周波数を測定しているため、母音長によって測定点の数は変わってくるが、それぞれ母音長のおよそ半分に相当する箇所までの回帰係数を計算した。なお、表 7-1 から表 7-16 には個別の t 検定で得られた p 値を示し、そのうち Benjamini-Hochberg 法による多重比較の結果が有意（$q^* = 0.05$）と認められるものを下線で示す。

7.3　結果

7.3.1　母音の強さの時間的変化

図 7-1 から図 7-3 に提示したグラフの縦軸は強さ（dB）を、横軸は 3 カ所の測定時点を表す。黒丸（●）は子音が平音の場合、灰色の四角形（■）は激音、白丸は濃音（〇）、灰色の三角形（▲）は摩擦音の非濃音を表す。

(1) 語頭

後続母音の前半に関する検定の結果（表 7-2）、破裂音、破擦音、摩擦音のいずれの場合においても子音種間での傾きに有意差は認められなかった。すべての子音において後続母音の強さは常に増大したのち減少していた（図 7-1）。

したがって、後続母音の強さについては、その時間的変化よりもむし

ろ母音の強さに注目すれば十分であることになる。表 7-1 に示すように、後続母音の強さは、破裂音と破擦音では「濃音＞平音・激音」の順に強く、摩擦音では「濃音＞非濃音」の順に強いということが明らかになった。図 7-1 で示すように、母音の強さは母音の終盤においても同様の関係を維持していることがわかる。子音による後続母音の強さの相対的な差については、以下のことが原因として考えられる。

　Sawashima et al.（1998）は、声門下圧が高いと音が強くなることを示し、声門下圧と音の強さとの相関性を示している。Kim（1967）は X 線で語頭の平音・激音・濃音の調音運動について観察を行い、濃音の調音時には子音部だけでなく後続する母音でも喉頭が持ち上げられていることを示し、これは濃音の声門下圧が高いためと考察している。このように、平音・激音・濃音による後続母音の強さの違いは、声門下圧の違いがその原因である可能性がある。平音・激音・濃音の後続母音の調音時に声門下圧の測定を行った研究は管見のおよぶ限り見当たらないため、子音部の気流の量を計測した実験（Cho et al. 2002 等）とファイバースコープを用いて子音の生成時に声帯の動きを観察した実験（Kagaya 1974、朴 1982 等）から Kim（1967）の解釈が妥当と言えるかどうか考える。

　語頭破裂音は、子音開放後の子音部において呼気の流出が「激音＞平音＞濃音」の順、摩擦音では「非濃音＞濃音」の順で多いという報告がある（Cho et al. 2002 等）。このことから、後続母音の発声時における肺内の空気の残量の多さはこの反対の順（破裂音：濃音＞平音＞激音、摩擦音：濃音＞非濃音）であることが推測できる。これに加えて、濃音は後続母音の生成時でも子音部の調音時と同様に声帯の狭窄が強く持続してほぼ閉じられているが、平音と激音では声門が開いているという報告がある（Kagaya 1974、朴 1982）。このことから、濃音においては後続母音の発声時に空気の流出がより少なく、声門下圧がより高い状態が

表 7-1　語頭における平音、激音、濃音の間の後続母音の強さの比較

語頭		自由度	t 値	p 値
平音 vs 激音	破裂音	5	-1.427	0.213
	破擦音	5	-1.335	0.239
平音 vs 濃音	破裂音	5	-4.162	**0.009**
	破擦音	5	-2.813	**0.037**
激音 vs 濃音	破裂音	5	3.785	**0.013**
	破擦音	5	2.621	**0.047**
非濃音 vs 濃音	摩擦音	5	3.505	**0.017**

表 7-2　語頭の子音に後続する母音の強さ：子音種間での傾きの差

語頭	破裂音			破擦音			摩擦音
	平音 vs 激音	平音 vs 濃音	激音 vs 濃音	平音 vs 激音	平音 vs 濃音	激音 vs 濃音	非濃音 vs 濃音
自由度	5	5	5	5	5	5	5
t 値	-2.520	2.742	2.919	-0.172	0.208	-0.317	0.027
p 値	0.053	0.041	0.033	0.870	0.844	0.764	0.980

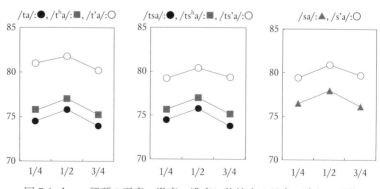

図 7-1a, b, c　語頭の平音・激音・濃音に後続する母音の強さの形状

維持されることが推測できる。声門下圧と声門上圧を仕切っている声帯が、濃音ではより圧力の高い声門下圧によって押し上げられ、その結果、喉頭が持ち上げられることになったと考えられ、Kim（1967）の解釈は妥当と考えられる。摩擦音についても子音部の調音時における声門の幅は「非濃音＞濃音」の順で大きく、濃音では強い狭窄が伴われており（Kagaya 1974）、破裂音・破擦音と同様に説明できる。

(2) 語中の母音間
①先行母音

先行母音については、母音の中間時点においては子音種間による差が認められなかった（表7-3）。

母音の強さの傾きについては、破裂音と破擦音では平音と激音の間、平音と濃音の間、激音と濃音の間においてそれぞれ先行母音の後半の強さの傾きの大きさに違いが認められた（表7-4）。一方、平音、激音、濃音それぞれの強さの傾きの方向については、破裂音と破擦音では激音、濃音において0より有意に小さく、下降していた（表7-5）。摩擦音の非濃音と濃音においても下降していた。

表7-3　語中の母音間における平音、激音、濃音の間の先行母音の強さの比較

語中の母音間		自由度	t値	p値
平音 vs 激音	破裂音	5	1.364	0.231
	破擦音	5	0.435	0.681
平音 vs 濃音	破裂音	5	1.113	0.316
	破擦音	5	0.192	0.856
激音 vs 濃音	破裂音	5	0.657	0.540
	破擦音	5	0.400	0.705
非濃音 vs 濃音	摩擦音	5	1.767	0.138

表 7-4　語中の母音間の子音に先行する母音の強さ：子音種間での傾きの差

語中の母音間 先行母音	破裂音			破擦音			摩擦音
	平音 vs 激音	平音 vs 濃音	激音 vs 濃音	平音 vs 激音	平音 vs 濃音	激音 vs 濃音	非濃音 vs 濃音
自由度	5	5	5	5	5	5	5
t 値	5.211	5.273	3.307	4.572	4.292	−3.397	2.160
p 値	**0.003**	**0.003**	**0.021**	**0.006**	**0.008**	**0.019**	0.083

表 7-5　語中の母音間の子音に先行する母音の強さ：平音・激音・濃音それぞれの傾きの方向

語中の母音間 先行母音	破裂音			破擦音			摩擦音	
	平音	激音	濃音	平音	激音	濃音	非濃音	濃音
p 値	0.469	**0.015**	**0.001**	0.531	**0.010**	**0.001**	**0.013**	**< 0.001**
方向	—	下降	下降	—	下降	下降	下降	下降

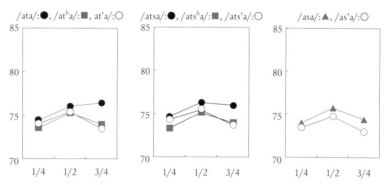

図 7-2a, b, c　語中の母音間の平音・激音・濃音に先行する母音の強さの形状

　つまり、破裂音と破擦音については先行母音の後半において、平音は激音と濃音より母音が減衰しにくく、強い状態を保持するということである[6]。先行母音の長さが、平音が長く激音と濃音が短いということは4章で述べたが、激音と濃音のように強い調音で発せられる音が後続す

る場合（Kim 1965）、先行母音は次に備えるために、長さと強さにおいて調音のための労力を小さくしていると解釈できる。

②後続母音

　後続母音の中間点での強さについては、破裂音と破擦音ともに濃音が激音より強いという点で語頭と同じだが、平音と濃音との間で有意差が認められないという点で語頭と異なる（表 7-6）。摩擦音については、語頭と同様、濃音は非濃音より強い。図 7-3 に示すように、母音の強さは母音の終盤においても同様の関係を維持していることがわかる。

　後続母音の前半の強さの傾きについては、破裂音、破擦音、摩擦音のいずれの場合においても、子音種間での有意差が認められなかった（表 7-7）。したがって、後続母音の強さについては、語頭と同様、その時間的変化よりもむしろ母音の強さに注目すれば十分であることになる。

　語中の母音間での平音と濃音とでは後続母音の強さに違いがないが、その原因については、平音は語中の母音間では有声音化するという特性から子音生成時から声帯がほぼ閉じられた状態という点で濃音に類似しており（Kagaya 1974 等）、声門が開いている激音に比べると肺からの

表 7-6　語中の母音間における平音、激音、濃音の間の後続母音の強さの比較

		自由度	t 値	p 値
平音 vs 激音	破裂音	5	7.206	**0.001**
	破擦音	5	2.478	0.056
平音 vs 濃音	破裂音	5	-2.241	0.075
	破擦音	5	-1.479	0.199
激音 vs 濃音	破裂音	5	5.030	**0.004**
	破擦音	5	3.374	**0.020**
非濃音 vs 濃音	摩擦音	5	-4.320	**0.008**

表 7-7　語中の母音間の子音に後続する母音の強さ：子音種間での傾きの差

語中の母音間 後続母音	破裂音			破擦音			摩擦音
	平音 vs 激音	平音 vs 濃音	激音 vs 濃音	平音 vs 激音	平音 vs 濃音	激音 vs 濃音	非濃音 vs 濃音
自由度	5	5	5	5	5	5	5
t 値	−2.520	2.742	2.919	−2.357	−1.329	−2.540	1.886
p 値	0.053	0.041	0.033	0.065	0.241	0.052	0.118

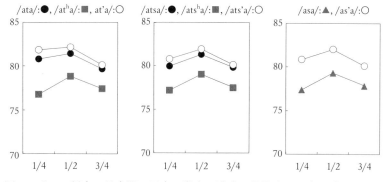

図 7-3a, b, c　語中の母音間の平音・激音・濃音に後続する母音の強さの形状

空気の流出が少ないことが推測できる。その結果、濃音と同様、母音部では声門下圧が高くなり、母音が強くなったものと考えられる。濃音と激音の後続母音の強さに関しては、語頭について述べたのと同様の原因がここでも考えられる（pp. 112–114 の 7.3.1(1) を参照のこと）。

(3) 語頭と語中の母音間との比較

表 7-8 に示すように、激音は語頭より語中の母音間のほうが強かった。平音でも語頭より語中の母音間のほうが強かったが、激音よりその変化の差は大きく、濃音と同等の強さとなっていた。濃音は音環境による母音の強さの変化がなかった。このように破裂音と破擦音では、語頭では

「濃音＞平音・激音」という強さの関係だが、語中の母音間では「濃音・平音＞激音」という関係となり、子音種類間での強さの差は語頭に比べて語中の母音間では小さくなる。

一方、摩擦音では非濃音、濃音ともに音環境による子音種間での強さの変化はなかった。語頭、語中の母音間とも、濃音の後続母音が非濃音より強いという一貫した関係を示す。

表7-8 平音、激音、濃音それぞれの語頭と語中の母音間における後続母音の強さの比較

		自由度	t値	p値
破裂音	平音	5	-6.742	**0.001**
	激音	5	-3.423	**0.019**
	濃音	5	-0.752	0.486
破擦音	平音	5	-6.037	**0.002**
	激音	5	-3.716	**0.014**
	濃音	5	-0.178	0.866
摩擦音	非濃音	5	2.633	0.046
	濃音	5	2.217	0.077

7.3.2 母音のフォルマント周波数の時間的変化

先行母音の後半と後続母音の前半におけるF1とF2それぞれの時間的変化については、男女とも同様の傾向を示したが、男女でF1、F2の値自体に差があるため、図には男性の平均値だけを示す。図7-4から図7-6の縦軸はフォルマント周波数（Hz）、横軸は測定時点（ms）を表す。黒丸（●）は子音が平音の場合、灰色の四角形（■）は激音、白丸は濃音（○）、灰色の三角形（▲）は摩擦音の非濃音を表す。

(1) 語頭

平音・激音・濃音間における後続母音の前半の F1 については、破裂音、破擦音、摩擦音ともに濃音の場合と、激音および平音の場合との間で傾きの大きさに有意差が認められた（表 7-9）。そして、平音・激音・濃音の後続母音の F1 の時間的変化の方向については、破裂音、破擦音、摩擦音のすべてにおいて濃音は回帰係数が 0 より有意に大きく、上昇していると言える（表 7-11）。また、後続母音の開始点において、濃音は他の子音より F1 が低い[7]。つまり、濃音の後続母音の F1 は他の子音の

表 7-9　語頭の子音に後続する母音の F1：子音種間での傾きの差

語頭	破裂音			破擦音			摩擦音
	平音 vs 激音	平音 vs 濃音	激音 vs 濃音	平音 vs 激音	平音 vs 濃音	激音 vs 濃音	非濃音 vs 濃音
自由度	5	5	5	5	5	5	5
t 値	0.766	-4.082	3.233	-1.978	-15.548	3.922	-4.681
p 値	0.478	**0.008**	**0.023**	0.105	**< 0.001**	**0.011**	**0.005**

表 7-10　語頭の子音に後続する母音の F2：子音種間での傾きの差

語頭	破裂音			破擦音			摩擦音
	平音 vs 激音	平音 vs 濃音	激音 vs 濃音	平音 vs 激音	平音 vs 濃音	激音 vs 濃音	非濃音 vs 濃音
自由度	5	5	5	5	5	5	5
t 値	0.913	0.237	0.514	0.387	0.716	-0.169	-0.460
p 値	0.403	0.822	0.630	0.715	0.506	0.873	0.665

表 7-11　語頭の子音に後続する母音の F1：平音・激音・濃音それぞれの傾きの方向

語頭	破裂音			破擦音			摩擦音	
	平音	激音	濃音	平音	激音	濃音	非濃音	濃音
p 値	**0.008**	0.036	**< 0.001**	0.299	0.051	**< 0.001**	0.223	**< 0.001**
方向	下降	—	上昇	—	—	上昇	—	上昇

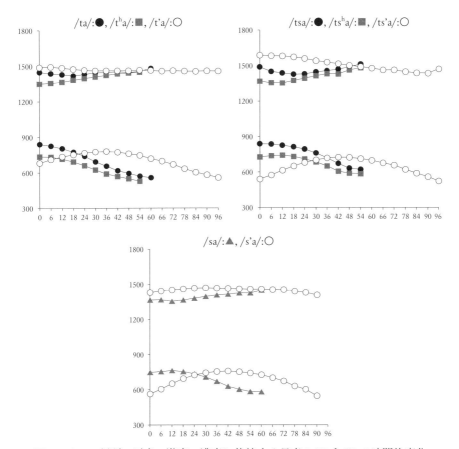

図 7-4a, b, c　語頭の平音・激音・濃音に後続する母音の F1 と F2 の時間的変化

場合のそれより低く始まり上昇するが、平音、激音および摩擦音の非濃音の場合 F1 は高く始まり下降すると言える。なお、濃音の後続母音の F1 が平音、激音および摩擦音の非濃音の後続母音の開始点での F1 の数値と同程度の高さになるまでに母音全長のおよそ半分の時間を要し、これは平音と激音の母音全長にほぼ相当する。

　このように他の 2 音と比して濃音の後続母音の F1 の振る舞いに違いがあるのは、調音器官の狭窄の度合が影響しているためと考えられる

(Kent and Read 1992)。Kim（1965）によると、歯茎破裂音の子音生成時における調音器官の緊張の度合いは、濃音は平音と激音より大きく、舌先と歯茎との接触面積が広く、調音時間が長いと報告しており、これは濃音の調音時に強い閉鎖が伴われることを示している。このように、子音の調音の影響が後続母音の調音時にしばらく続くことで、濃音では接近した舌と口蓋との間隔が元に戻るのに時間がかかるため、後続母音 /a/ は比較的舌の位置が高い状態で生成されたものと解釈できる。

後続母音の前半部における F2 の傾きの大きさについては、子音種による有意な違いはなかった（表7-10）。

（2）語中の母音間
①先行母音

先行母音の後半では、F1 と F2 ともに子音種間で傾きの大きさに有意な違いはなかった（表7-12、表7-13）。

表7-12　語中の母音間の子音に先行する母音の F1：子音種間での傾きの差

語中の母音間 先行母音	破裂音			破擦音			摩擦音
	平音 vs 激音	平音 vs 濃音	激音 vs 濃音	平音 vs 激音	平音 vs 濃音	激音 vs 濃音	非濃音 vs 濃音
自由度	5	5	5	5	5	5	5
t 値	0.194	−1.866	1.041	0.27	−1.016	1.998	−0.234
p 値	0.854	0.121	0.346	0.798	0.356	0.102	0.824

表7-13　語中の母音間の子音に先行する母音の F2：子音種間での傾きの差

語中の母音間 先行母音	破裂音			破擦音			摩擦音
	平音 vs 激音	平音 vs 濃音	激音 vs 濃音	平音 vs 激音	平音 vs 濃音	激音 vs 濃音	非濃音 vs 濃音
自由度	5	5	5	5	5	5	5
t 値	2.145	1.846	1.107	1.015	0.857	1.009	2.763
p 値	0.085	0.124	0.319	0.357	0.431	0.359	0.040

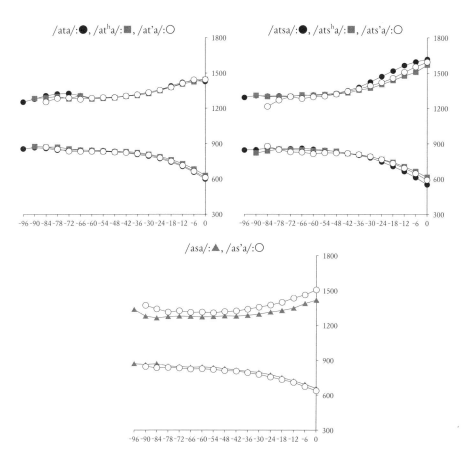

図7-5a, b, c　語中の母音間の平音・激音・濃音に先行する母音のF1とF2の時間的変化

②後続母音

　平音・激音・濃音の間での後続母部のフォルマント周波数の時間的変化については（表7-14、表7-15）、破裂音でF1にのみ有意差が認められ、激音と濃音の間で違いがあった（表7-14）。このように、語中の母音間における平音・激音・濃音の間では、フォルマントは、先行母音、続母音ともに、語頭ほど明確な違いがないことがわかった。

後続母音のF1の傾きの方向については、語頭とは異なる点がある（表7-16）。濃音は破裂音、破擦音、摩擦音ともに回帰係数が0より大きい、すなわち上昇しており、語頭の後続母音の場合と一致する。しかし、激音については、破裂音では回帰係数が0より小さく、下降していたが、破擦音では回帰係数が0より大きく、上昇している。また、摩擦音の非濃音についても破擦音の激音と同様、回帰係数が0より大きく、上昇している。さらに、平音については、破裂音、破擦音ともに上昇しており、濃音に近い性格を示す[8]。これは、語中の母音間で有声音化するという

表7-14　語中の母音間の子音に後続する母音のF1：子音種間での傾きの差

語中の母音間後続母音	破裂音			破擦音			摩擦音
	平音vs激音	平音vs濃音	激音vs濃音	平音vs激音	平音vs濃音	激音vs濃音	非濃音vs濃音
自由度	5	5	5	5	5	5	5
t値	3.131	0.235	5.038	3.078	1.619	2.277	-2.335
p値	0.026	0.824	**0.004**	0.028	0.166	0.072	0.067

表7-15　語中の母音間の子音に後続する母音のF2：子音種間での傾きの差

語中の母音間後続母音	破裂音			破擦音			摩擦音
	平音vs激音	平音vs濃音	激音vs濃音	平音vs激音	平音vs濃音	激音vs濃音	非濃音vs濃音
自由度	5	5	5	5	5	5	5
t値	2.165	0.155	1.885	1.419	-0.354	1.713	-1.465
p値	0.083	0.883	0.118	0.215	0.738	0.147	0.203

表7-16　語中の母音間の子音に後続する母音のF1：平音・激音・濃音それぞれの傾きの方向

語中の母音間後続母音	破裂音			破擦音			摩擦音	
	平音	激音	濃音	平音	激音	濃音	非濃音	濃音
p値	< 0.001	0.006	< 0.001	< 0.001	< 0.001	< 0.001	< 0.001	< 0.001
方向	上昇	下降	上昇	上昇	上昇	上昇	上昇	上昇

第 7 章 母音部の検討 4

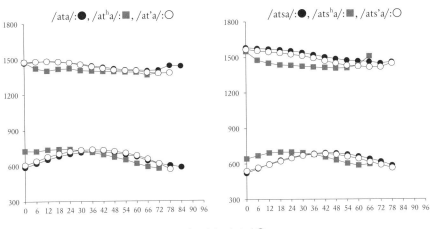

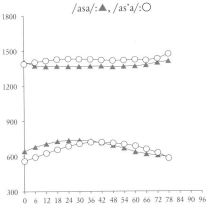

図 7-6a, b, c　語中の母音間の平音・激音・濃音に後続する母音の F1 と F2 の時間的変化

特徴がその原因として考えられる（Kent and Read 1992 等）。

7.4 考察

本章では平音・激音・濃音という子音による後続母音への影響は、先

行研究で検討されてきた区間より広い範囲におよんでいることが明らかになった。語頭では濃音と平音の間、濃音と激音の間、摩擦音の非濃音と濃音の間の判断、そして語中の母音間では激音と平音の間、激音と濃音の間、摩擦音の非濃音と濃音の間の判断においては、本章での音響分析から、後続母音の強さと後続母音のフォルマントの形状が知覚判断の手がかりとして関わると推測できる。実験の結果をまとめると、以下の通りである。

7.4.1　後続母音の強さの時間的変化

　後続母音の強さの時間的変化形状については、語頭と語中の母音間の両方においてすべての子音の後続母音の強さは増大したのち減少しており、その変化形状に子音種による有意差はなかった。したがって、後続母音の強さが知覚判断に関与するとしても、それは形状ではなく全区間における強さの違いであろう。母音全区間における後続母音の強さは、語頭の破裂音と破擦音では「濃音＞平音・激音」の順で強く、語中の母音間では「濃音・平音＞激音」の順で強かった。摩擦音では語頭と語中の母音間とも「濃音＞非濃音」の順で強かった。

7.4.2　後続母音のフォルマント周波数の時間的変化

　後続母音の前半におけるフォルマントの時間的変化については、子音種間の違いが F1 に見られ、濃音の後続母音の F1 は破裂音、破擦音、摩擦音において他の子音とは異なる振る舞いを示した。語頭と語中の母音間の両方において、濃音の後続母音の F1 は低く始まって上昇していく形状を示すことが明らかになった。平音は、語頭では激音のように下降していく形状を示すが、語中の母音間では濃音と同等に低く始まって

上昇していくという形状を示し、音環境によって振る舞いが異なる。F2 では子音種間の違いはなかった。以上のように、F1 は特に語頭において平音・激音・濃音の知覚判断に重要な要因であることを示唆する。

注

(1) 韓喜善（2016c）「韓国語 ソウル方言の平音・激音・濃音の先行母音および後続母音における高さ、強さ、フォルマントの時間的変化」『音声研究』20(2)。
(2) 強さは、43ms 窓で計算されたものを用いた。
(3) フォルマント周波数の抽出にあたっては、50ms ガウス型窓（25ms ハミング窓に相当）、Burg 法で計算された結果を記録した。周波数の最大値とフォルマント数は Praat のマニュアルの推奨に従い、男性 5000Hz と 5、女性は 5500Hz と 5 に設定した。ついで、得られた計算結果の妥当性を広帯域スペクトログラムと対照させて検討し、スペクトログラム上で確認できるフォルマント位置に対応する計算結果を採用した。廣谷（2014）によると、基本周波数が 180Hz 以上の音声に関してはパルス列を仮定した LPC を用いたフォルマント抽出法（Praat の Formant（robust）コマンド）による測定のほうがより推定誤差が小さいとされているが、基本周波数の高くない男声では burg 法でもさほど誤差は大きくない。また、今回調査対象とした /a/ では、burg 法でも他の母音に比して誤差が小さいとされている。
(4) 本書では F3 の時間的変化に子音種間で差があるかどうかについても検討を行ったが、語頭の後続母音、語中の母音間の先行母音および後続母音のすべてにおいて、F3 に平音・激音・濃音間で差はなかった。なお、後続母音の開始点、先行母音の終了点においても子音種間で差は認められなかった。このように、梅田（1983）が指摘した通り、F3 は平音・激音・濃音の判断に影響をおよぼす可能性がないことが明らかになった。
(5) 母音の強さとフォルマントについて、実際には上記該当部分以外についても統計的分析を行ったところ、子音種間の差はなかった。
(6) 本書では、先行母音の 4 分の 3 時点に対して子音種間で強さの差があるか

どうかについて話者間で対応のある t 検定（両側）を子音別に行った。また、多重比較を Benjamini-Hochberg 法で行った（q* = 0.05 に設定）。結果、平音と濃音の間（破裂音：t(5) = 4.979、p = 0.004、破擦音：t(5) = 4.129、p = 0.009）および平音と激音の間（破裂音：t(5) = 3.747、p = 0.013、破擦音：t(5) = 4.355、p = 0.007）では子音種間で有意差があった。激音と濃音の間に関しては、破裂音では有意差が認められたが（t(5) = -3.096、p = 0.027）、破擦音では有意差は認められなかった（t(5) = -0.649、p = 0.545）。このことから、先行母音の 4 分の 3 時点において、平音は激音、濃音より強いことがわかった。摩擦音では、非濃音と濃音間で差はなかった（t(5) = 2.367、p = 0.064）。

(7) 本章では平音・激音・濃音間での後続母音の F1 の開始点に差があるかどうかについて、話者間で対応のある t 検定（両側）を子音別に行った。また、多重比較を Benjamini-Hochberg 法で行った（q* = 0.05 に設定）。結果、破裂音、破擦音、摩擦音のすべてにおいて濃音と他の 2 子音とで有意差が認められ、F1 の母音開始点は濃音は他の子音より低いことが明らかになった（破裂音の濃音と平音の間：t(5) = 6.669、p = 0.007、破裂音の濃音と激音の間：t(5) = 5.030、p = 0.004、破裂音の平音と激音の間：t(5) = 0.510、p = 0.632、破擦音の濃音と平音の間：t(5) = 4.861、p = 0.005、破擦音の濃音と激音の間：t(5) = 6.806、p = 0.001、破擦音の平音と激音の間：t(5) = 1.487、p = 0.197、摩擦音の濃音と非濃音の間：t(5) = 8.228、p < 0.001）。

(8) 語中の母音間においても平音・激音・濃音間での母音開始点の F1 に差があるかどうかについて話者間で対応のある t 検定（両側）を子音別に行った。また、多重比較を Benjamini-Hochberg 法で行った（q* = 0.05 に設定）。結果、破裂音、破擦音において激音と他の 2 子音との間で有意差が認められ、平音と濃音は激音より低いということが明らかになった（破裂音の激音と平音の間：t(5) = -5.342、p = 0.003、破裂音の激音と濃音の間：t(5) = -5.278、p = 0.003、破裂音の平音と濃音の間：t(5) = -1.269、p = 0.260、破擦音の激音と平音の間：t(5) = -6.324、p = 0.001、破擦音の激音と濃音の間：t(5) = -4.206、p = 0.008、破擦音の平音と濃音の間：t(5) = -0.924、p = 0.398）。摩擦音では非濃音と濃音間で有意差が認められ（t(5) = -3.3414、p = 0.021）、語頭と同様、濃音は非濃音より低いことが明らかになった。このように、後続母音の F1 の開始点に関しても、平音は語中の母音間では語頭とは異なる傾向が見られ、濃音と同程度に低く始まっていることが明らかになった。

第8章 結論
平音・激音・濃音の知覚判断に関わる音響的特徴とは

　本書では、「平音・激音・濃音の知覚判断に関わる音響的特徴の総合的検討」を研究テーマとして、これまで断片的に検討されてきたこれら子音の音響的特徴について、複数の音響指標の検討を同一話者が発音した同一の音声素材を用いて実験を行い[1]、ソウル方言話者がソウル方言における平音、激音、濃音の3つの子音の違いをどのように生成し知覚判断するかについて網羅的に検討を行って知覚判断の音響的手がかりを明らかにしようと試みた。つまり、生成された音が物理的にどういう特徴を持っているかという音響的側面、どのように発音器官を動かして音を作るかという生理的側面、ソウル方言話者が、どのような特徴を手がかりにして平音・激音・濃音を聞き分けるかという知覚的な側面の3つの側面から検討を行ったものである。従来のこの分野の研究においては、上記の個々の側面についての断片的な研究は行われていたものの、それらを総合的に検討するという観点が欠けていた。それらを一度に見比べ、同一の資料をもとに行った調査の結果を先行研究と比較するという作業を行ったことで、初めて平音、激音、濃音の違いの全体像が明らかになった。本書で得られた成果をまとめると以下の通りである。
　2章と3章では子音部に関する検討を行った。まず、2章では

RVOWT（release to vowel onset time）という概念を提案し、それを用いて平音、激音、濃音の子音部を調査した。RVOWTを取り入れることの利点は、語頭の子音間においてのみ有効なVOTと比べ、RVOWTが語頭のみならず語中の母音間に置かれた子音について同じ尺度で測定し比較することも可能であるということにある。生成実験において、語頭では「激音・平音＞濃音」の順でRVOWTが長く、語中の母音間では「激音＞平音・濃音」の順でRVOWTが長かった。知覚実験において、語頭ではRVOWTの影響はなく、後続母音によって平音、激音、濃音の判断が可能であることが明らかになった。その理由として考えられるのは、ソウル方言の音声の変化が起きているという指摘（Silva 2006a, b）である。その指摘を考慮に入れて先行研究と本書の結果を比較すると、半世紀という時間をかけてRVOWTの影響が弱まり、それと同時に後続母音へと知覚判断の「手がかり」の移行が行われているのではないかという解釈が可能になる。一方、語中の母音間では、RVOWTは子音区間の長さの一部として平音と濃音の判断に寄与していることがわかった。激音の場合、生成実験の結果ではRVOWTが他より有意に長かったにもかかわらず、RVOWTの影響はなく、激音かその他の子音かという判断は後続母音部によって行われることが明らかになった。これによって、語頭と語中ともに後続母音部を詳細に調査する必要性が研究課題として明確になった。摩擦音においても後続母音の影響が大きいという結果を得た。

　続く3章では、語中の母音間という音環境における子音部（破裂音・破擦音の閉鎖区間長、摩擦音の摩擦区間長）の影響について調査を行った。破裂音、破擦音では、平音語と濃音語から作られた刺激音に対しては、閉鎖区間長が長くなるにつれて平音としての判断が減り、濃音としての判断が増加していく。一方、激音語の場合、閉鎖区間長の影響はなく、常に激音として判断されていた。このことから平音か濃音かの判断

には閉鎖区間長の影響が大きいことが本書でも示された。摩擦音の場合、語中の母音間においては、摩擦区間長が長くなるにつれて濃音としての判断が増えてはいたが、非濃音から作られた刺激音については最長の摩擦区間長においても濃音としての判断率は 50% を超えておらず、摩擦区間長の影響はあるものの、それだけでは非濃音と濃音の判断は完全にできないことがわかった。このように子音（平音、激音、濃音）によって子音部の影響の有無とその程度の違いがある原因を明らかにするため、後続母音に着目して調査を行った。テスト語から先行母音を削除し、2 音節目だけを知覚判断させた実験の結果、破裂音と破擦音の濃音と激音に関しては本来の子音として判断されていたが、平音については平音ではなく濃音として判断されていた。摩擦音では、非濃音、濃音ともに本来の子音として判断されていた。

　これらの実験結果から、語中の母音間においては、語頭のように平音、激音、濃音それぞれの聴覚印象の異なる（3 つの）母音は存在せず、2 つに集約された母音グループとして知覚されていた。そのため、語中の母音間では、語頭とは異なり、子音部が知覚判断の手がかりとして関与することとなったと解釈できる。このように、語中の母音間では語頭に比べて後続母音の影響が減ったとは言え、後続母音の関与が大きかった。したがって、2 章と同様、3 章でも平音、激音、濃音に後続する母音について詳細に調査する必要性が明らかになった。

　4 章では、子音に前後する母音の長さについて検討を行った。生成実験においては、子音種によって子音の前後する母音長に違いがあり、特に語頭において母音長の大きさの違いは明確であった。知覚実験では、破裂音、破擦音、摩擦音それぞれの平音、激音、濃音を語頭に含む 1 音節の無意味語の母音長を段階的に変化させた刺激音を作成した。実験の結果、母音長にかかわらず、刺激音の素材そのものの音声として知覚判断された。以上のことから、子音に前後する母音における音響的特徴に

ついては、長さでなく、他の音響的特徴について調査する必要性が明らかになった。

5章では、先行研究において、後続母音のうち、その母音の開始部に存在する音響的特徴（第1倍音と第2倍音の振幅の差、強さの立ち上がり）が平音、激音、濃音の判断に大きく関わることが先行研究で期待されてきたことから、語頭と語中の母音間ともに母音開始部（母音開始点から4周期）を削除した刺激音を作成した。実験の結果、摩擦音については語頭と語中の母音間ともに母音開始部の影響はなかった。破裂音と破擦音では、語頭では母音開始部の影響はあるものの、決定的ではなかった。語中の母音間では語頭よりも母音開始部の影響が見られた。しかし、刺激音の素材の音声の第1倍音と第2倍音の振幅の差については、語頭においてはその違いが母音開始部にとどまるものであり、語中の母音間では子音種間でその違いはなかったため、第1倍音と第2倍音の振幅の差は、子音種間の知覚判断にそれほど有効とは言えない。母音の強さの立ち上がりについても子音種による違いはなかった。したがって、後続母音の開始部にとどまらず、より広い区間に存在する別の音響的特徴に注目する必要性があることが次の課題として示唆された。

6章では、母音の高さについて調査を行った。母音全区間において子音種間でF0の差が継続しているか、さらにF0の時間的変化についても調査した。生成実験の結果、破裂音と破擦音ともに「激音＞濃音＞平音」の順でF0が高く、語頭においてその差が顕著であった。摩擦音については、語頭と語中の母音間ともにF0の影響はなかった。F0の形状については、子音種間で相対的な差はあったものの、いずれにしても上昇、下降と言えるほど明確なものではなかったため、F0の形状が子音の判断に影響する可能性はないと結論付けた。

知覚実験では、平音と激音の判断にはF0が大きな役割を果たすという結果であった。濃音の判断にF0の影響はなかった。摩擦音の判断に

ついても F0 の影響はなかった。本書におけるこれらの結果は、平音、激音、濃音の判断において F0 の関わり方とその程度において先行研究との不一致があった。これは、RVOWT、母音開始部の検討において触れたのと同様、「ソウル方言における平音、激音、濃音の通時的変化 (Silva 2006a, b)」がその原因と考えることができ、平音、激音、濃音の音声の変化は、子音部にとどまらず、その前後する母音にもおよんでいることを示した結果と言える。

　1 章から 6 章において平音・激音・濃音の知覚判断の手がかりについて明らかになったことは、①語頭では平音か激音かの判断が F0 によって行われること、②語中の母音間では平音か濃音かの判断は閉鎖区間長によって行われること、③語中の母音間の摩擦音が濃音か非濃音かの判断には摩擦区間長の影響があることの 3 点である。

　そして、7 章では、これまでの章で指摘した通り、後続母音のより広い範囲における検討が必要であるとの認識から、母音の強さの時間的変化、フォルマント（F1, F2）の時間的変化について詳細に音響分析を行い、それらの音響的特徴が平音・激音・濃音の知覚判断に関与する可能性について検討した。実験の結果、F1 に子音種間の違いが見られ、後続母音の前半における F1 の時間的変化については、濃音の後続母音の F1 は破裂音、破擦音、摩擦音において他の子音とは異なる振る舞いを示した。語頭と語中の母音間の両方において、濃音の後続母音の F1 は低く始まって上昇していく形状を示すことが明らかになった。平音は、語頭では激音のように下降していく形状を示すが、語中の母音間では濃音と同等に低く始まって上昇していくという形状を示し、音環境によって振る舞いが異なる。また、母音全区間における後続母音の強さは、語頭の破裂音と破擦音では「濃音＞平音・激音」の順で強く、語中の母音間では「濃音・平音＞激音」の順で強かった。摩擦音では語頭と語中の母音間とも「濃音＞非濃音」の順で強かった。

本書での音響分析を通じて、語頭では濃音と平音の間、濃音と激音の間、摩擦音の非濃音と濃音の間の判断、そして語中の母音間では激音と平音の間、激音と濃音の間、摩擦音の非濃音と濃音の間の判断においては、新たに後続母音の強さと後続母音のフォルマントの形状が知覚判断の手がかりとして関わると推測できる。

　以上のように、本書では平音・激音・濃音という子音による後続母音への影響は、先行研究で注目されてきた後続母音の開始部にとどまらず、これまでに検討されてきた区間より広い範囲におよんでいることが明らかになった。

　本書における調査は、統制されたデータに基づいた実験的手法による調査を行った。そのため、会話など状況を含んだ場面における運用実態や、異なる世代や地域における判断の異なりなど、実際の言語運用においてどのように判断がなされているかを今後明らかにしていく必要がある。しかし、冒頭で述べたように、実験室的手法においては20-30代のソウル方言の音声の全体像が明確になったことによって、外国語母語話者による外国語として平音、激音、濃音の生成および知覚判断と母語話者のそれとの比較のための基礎的資料を提供することによってこれまで経験的に語られてきた平音、激音、濃音の生成および知覚判断の難しさについて、客観的な検討が行えるようになる可能性を示した点に本書の意義があると考える。

注

(1) 生成実験で使用したテスト語は、破裂音、破擦音、摩擦音のそれぞれについて、平音・激音・濃音を語頭および語中の母音間に埋め込んだ無意味の2音節語（語頭：/taka/, /tʰaka/, /t'aka/, /tsaka/, /tsʰaka/, /ts'aka/, /saka/, /s'aka/、語中の母音間：/ata/, /atʰa/, /at'a/, /atsa/, /atsʰa/, /ats'a/, /asa/, /as'a/）の計16個である。知覚実験で使用したテスト語は、破裂音、破擦音、摩擦音のそれぞれについて、平音・激音・濃音を語頭（/ta/, /tʰa/, /t'a/, /tsa/, /tsʰa/, /ts'a/, /sa/, /s'a/）および語中の母音間（/ata/, /atʰa/, /at'a/, /atsa/, /atsʰa/, /ats'a/, /asa/, /as'a/）に埋め込んだ無意味の1音節語ないし2音節語である。

参考文献

김미란・신동현・최재웅・김기호 (2000)「초점과 관련된 의문문 억양 패턴 실험」『음성과학』 7(4), 203-217.
김수진・조혜숙・황유미・남기춘 (2002)「일본어 화자의 한국어 평음 / 기음 / 경음 지각 오류」『한국언어청각임상학회』 7(1), 166-180.
김희성・신지영・김기호 (2006)「초점 실현과 운율 조작에 대한 음소지각」『말소리』 60, 97-108.
박병채 (1989)『국어 발달사』世英社.
배재연・신지영・고도흥 (1999)「음성 환경에 따른 한국어 폐쇄음의 음향적 특성 : 시간적 특성을 중심으로」『음성과학』 5(2), 139-159.
서민경 (2002)「한국어 파열음의 VOT 에 관한 실험음성학적 연구 ―환경에 따른 VOT 의 변이를 중심으로―」『언어 연구』 22, 27-45.
신지영 (1997)「모음―자음―모음 연결에서 자음의 조음 특성과 모음 - 모음 동시조음」『음성과학』 1, 55-81.
신지영 (1998)「한국어 / ㄷ, ㅌ, ㄸ, ㅈ, ㅊ, ㅉ / 의 조음적 특성에 관한 연구」『국어학』 31, 53-80.
오은진 (2009)「발화 속도에 따른 한국어 폐쇄음의 VOT 값 변화」『말소리와 음성과학』 1(3), 39-48.
오정란 (2009)『한국어 경음론』, 박문사, 서울.
梅田博之 (우메다히로유끼) (1983)『韓国語의 音声学的研究―日本語와의 対照를 中心으로―』, 螢雪出版社.
유재원 (1989)「현대 국어의 된소리와 거센소리에 대한 연구」『한글』 203,

25-48.

이경희·정명숙 (2000)「한국어 파열음의 음향적 특성과 지각 단서」『음성과학』7(2), 139-154.

이기문 (1998)『新訂版 國語史槪説』태학사.

이현복 (1974)「국어의 말토막과 자음의 음가」『한글』154, 3-14, 한글학회.

이호영 (2009)「서울 토박이들의 경음화 선호도」『말소리와 음성과학』1(2), 151-162.

표화영·심현섭·박헌이·최재영·최성희·안성복·최홍식 (1999)「한국어 파열자음의 인두내압, 폐쇄기 및 Voice Onset Time (VOT) 에관한 실험적 연구」『대한음성언어의학회지』1, 50-57.

한재영·최정순·이호영·박지영·이강민·조현용·추이진단·이선웅 (2003)『한국어 교육 총서 1 한국어 발음 교육』, 한림출판사.

황손문 (2002)「한국어 화제구문의 운율적 고찰」『음성과학』9(2), 59-68.

Abramson, A. S.and L. Lisker (1972) "Voice Timing in Korean Stops." *Proceedings of Seventh International Congress of Phonetic Sciences, Montreal, 1971*, 439-446. The Hague: Mouton.

Chang, C. B. (2011) "The production and perception of coronal fricatives in Seoul Korean." *Korean Linguistics* 15, 1-46.

Chomsky, N. and M. Halle (1968) *The sound pattern of English*. New York: Haper & Row.

Cho, T. (1995) "Korean stops and affricates: acoustic and perceptual characteristics of the following vowel." *Journal of the Acoustical Society of America* 98(5), 2891 [Abstract].

Cho, T. (1996) Vowel Correlates to Consonant Phonation: An Acoustic-Perceptual Study of Korean Obstruents. M.A. Thesis, University of Texas at Arlington.

Cho, T. and S. Jun (2000) "Domain-initial strengthening as enhancement of laryngeal features: Aerodynamic evidence from Korean." *Chicago Linguistic society* 36, 31-44.

Cho, T., S. Jun and P. Ladefoged (2002) "Acoustic and aerodynamic correlates of Korean stops and fricatives." *Journal of Phonetics* 30, 193-228.

Cho, T. and P. Ladefoged (1999) "Variation and universals in VOT: evidence from 18 languages." *Journal of Phonetics* 27, 207-229.

Cho, T. and P. Keating. (2001) "Articulatory and acoustic studies of domain-initial strengthening in Korean." *Journal of phonetics* 29(2), 155-190.

Cho, Y. (1990) "Syntax and phrasing in Korea." S. Inkelas and D. Zec (eds.) *The phonology-syntax connection*, 47-62. Chicago: University of Chicago Press.

Choi, H. (2002) "Acoustic cues for the Korean stop contrast: dialectal variation." *ZAS papers in Linguistics* 28, 1-12.

Dart, S. (1987) "An aerodynamic study of korean stop consonants: Measurements and modeling." *Journal of the Acoustical Society of America* 81(1), 138-147.

Dixit, R. P. (1989) "Glottal gestures in Hindi plosives." *Journal of phonetics* 17, 213-237.

Fujimura, O. (1972) Acoustics of speech: Speech and cortical Functioning, 107-165. New York: Academic Press.

Gorden, M. and P. Ladefoged (2001) "Phonation types: A cross-linguistic overview." *Journal of Phonetics* 29, 383-406.

Han, H. (2015) "F0 influence in the perception of Korean initial stops, affricates and fricatives: A Comparison between Native Speakers and Japanese Learners." *Proceedings of The 18th International Congress of Phonetic Sciences*. Glasgow, UK.

Han, J. (1992) "On the Korean tensed consonants and tensification." *CLS* 28, 206-223.

Han, J. (1996a) The phonetics and Phonology of "Tense" and "Plane" consonants in Korean. Ph.D. dissertation, Cornell University.

Han, J. (1996b) "Perception of Korean tense and lax consonants: evidence for a geminate analysis of tense consonants." *Japanese/Korean linguistics* 5, 407-423.

Han, J. (1998) "VOT in the surface distinction of Korean plain and tense stops in initial position: a perception test." *Korean Journal of Speech Sciences* 3, 109-117.

Han, J. (2000) "Intervocalic stop voicing Revisited." *Korean Journal of Speech Sciences* 7(1), 215-228.

Halle, M. and K. Stevens (1971) "A note on Laryngeal Feature." *Quarterly Progress Report of the Research Laboratory of Electronics* 101, 198-213.

Han, M. and R. S. Weitzman (1970) "Acoustic features of Korean /P, T, K/, /p, t, k/ and /ph, th, kh/." *Phonetica* 22, 112-128.

Hardcastle, W. (1973) "Some Observations on the tense-lax Distinction in Initial Stops in Korean." *Journal of phonetics* 1, 263-272.

Hirose, H., C. Lee and T. Ushijima (1974) "Laryngeal control in Korean stop production." *Journal of phonetics* 2, 145-152.

Hong, K. W., S. j. Niimi and Hagjime. Hirose (1991) "Laryngeal Adjustments for Korean stops, Affricates and Fricatives—an electro—myographic study." *ANN. BULL. RILP* 25, 17-31.

Humbert, J., J. Marie, J. O'hara and William, G. E. (1979) "Phonetic explanation for the development of tones." *Language* 55(1), 37-58.

Iverson, G. (1983a) "Korean S." *Journal of Phonetics* 11, 191-200.

Iverson, G. (1983b) "On glottal width feature." *Lingua* 60, 331-339.

Jakobson, R., C. Fant and M. Halle (1952) *Preliminaries to Speech Analysis: The distinctive features and their correlates*. Cambridge, Massachusetts: MIT Press.

John, D. (1950) *The phoneme its nature and use*. Cambridge: W. Heffer & Sons.

Johnson, K. (2003) *Acoustic and auditory phonetics*, 2nd edition. Cambridge,

Massachusetts: Blackwell.

Jun, S. (1989) "The Accentual Pattern and Prosody of the Chonnam Dialect of Korean." *Harvard Studies in Korean Linguistics* 3, 89-100, Cambridge, Massachusetts: Harvard University.

Jun, S. (1993) The phonetics and Phonology of Korean Prosody. Ph.D. dissertation, The Ohio State University.

Jun, S. (1994) "The states of the lenis stop voicing rule in Korean." Young-key Kim-Renaud (ed.) *Theoretical issues in Korean linguistics*. CSLI, Leland Stanford Junior University.

Jun, S. (1996) "Influence of microprosody on macroprosody: a case of phrase initial strengthening." *UCLA Working Paper in Phonetics* 92, 97-116.

Jun, S. and H. Lee (1998) "Phonetic and phonological markers of contrastive focus in Korean." *Proceedings of the 5th International Conference on Spoken Language Processing*, 1295-1298. Sydney, Australia.

Jun, S., M. Beckman and Lee, H. (1998) "Fiberscope evidence for the influence on vowel devoicing of the glottal configurations for Korean obstruents." *UCLA Working Papers in Phonetics* 96, 43-68.

Kagaya, R. (1971) "Laryngeal gestures in Korean stop consonants." *Annual Bulletin, Research Institute of Logopedics and Phoniatrics*, University of Tokyo 5, 15-24.

Kagaya, R. (1974) "A fiberscopic and acoustic study of the Korean stops, affricates and fricatives." *Journal of phonetics* 2, 161-180.

Kang, K. (2004) "Laryngeal feature for Korean obstruents revisited." *Studies in Phonetics, Phonology and Morphology* 10(2), 169-182.

Kang, K., Susan G. Guion (2008) "Clear speech production of Korean stops: Changing phonetic targets and enhancement strategies." *The Journal of the Acoustical Society of America* 124(6), 3909-3917.

Kenstowicz, M and C. Park (2006) "Laryngeal features and tone in Kyungsang Korean: A phonetic study." *Studies in Phonetics, phonology and Morphology*

12(2), 247-264.

Keating, P. (1984) "Phonetic and Phonological Representation of Stop Consonant Voicing." *Language* 60(2), 286-319.

Keating, P., T. Cho, C. Fougeron, C. Hsu (1998) "Domain-initial strengthening in four Languages." *UCLA Working Paper in Phonetics* 97, 139-151.

Kent, R. D. and C. Read (1992) *The Accoustic Analysis of Speech.* Singular Publishing.（荒井隆行・菅原勉監訳 1996『音声の音響分析』海文堂）

Kim, C. (1965) "On the autonomy of the tensity feature in stop classification (with special Reference to Korean stops)." *Word* 21, 339-359.

Kim, C. (1967) "Cineradiographic Study of Korean Stops and a Note on Aspiration." *Quarterly Progress Report* 86, 259-271.

Kim, C. (1970) "A Theory of aspiration." *Phonetica* 21, 107-116.

Kim, H. (2002) "Korean tense consonants as singletons." *Chicago Linguistic Society*, 329-344. Chicago: the University of Chicago Press.

Kim, H. (2004) "Stroboscopic-Cine MRI date on Korean coronal plosives and affricates: implications for their place of articulation as Alveolar." *Phonetica* 61, 234-251.

Kim, H., K. Honda and S. Maeda (2005) "Stroboscopic MRI study of the phasing between the tongue and the laynx in the Korean three-way phonation contrast." *Journal of phonetics* 33, 1-26.

Kim, H., S. Maeda and K. Honda (2010) "Invariant articulatory bases of the feature [tense] and [spread glottis] in Korean plosives: New stroboscopic cine-MRI date." *Journal of Phonetics* 38, 90-108.

Kim, M. (2004) "Correlation between VOT and F0 in the Perception of Korean Stops and Affricates." *8th International Conference on Spoken Language Processing, Jeju Island, Korea, October 4-8, 2004.*

Kim, M. and S. Duanmu (2004) "'Tense' and 'Lax' stops in Korean." *Journal of East Asian Linguistics* 13, 59-103.

Kim, M., P. S. Beddor and J. Horrocks (2002) "The contribution of consonantal and vocalic information to the perception of Korean initial stops." *Journal of Phonetics* 30, 77-100.

Kim, Y. and Kim, J. (2010) "Attention to critical acoustic features for L2 phonemic identification and its implication on L2 perceptual training." a paper presented at INTERSPEECH 2010 Satellite Workshop on "Second Language Studies: Acquisition, Learning, Education and Technology".

Klatt, D. H. (1975) "Voice onset time, frication and aspiration in word-initial consonant clusters." *Journal of speech and Hearing Research* 18, 686-706.

Kohler, K. J. (1982) "F0 in the production of lenis and fortis plosives." *Phonetica* 39, 210-218.

Kohler, K. J. (1984) "Phonetic explanation in phonology: feature fortis/lenis." *Phonetica* 41, 150-174.

Ladefoged, P. (1964) *A Phonetic Study of West African Languages*. Cambridge: Cambridge University Press.

Ladefoged, P. (1971) *Preliminaries to Linguistic Phonetics*. Chicago: The University of Chicago Press.

Ladefoged, P. (1973) "The features of the larynx." *Journal of Phonetics* 1(1), 78-83.

Ladefoged, P. (1983) "The linguistic use of different phonation." D. Bless and J. Abbs (eds.) *Vocal fold physiology: contemporary research and clinical issues*, 351-360. San Diego: College Hill Press.

Ladefoged, P. (1997) "Instrumental techniques for linguistic phonetic fieldwork." W. Hardcastle and J. Laver (ed.) *The handbook of Phonetic sciences*, 137-166. Oxford: Blackwell publishers.

Ladefoged, P. (2003) *Phonetic data analysis*, 177-181. Malden: Blackwell Publishing.

Ladefoged, P., I. Middieson and M. Jackson (1987) "Investigation phonation types in different languages: voice production, mechanisms and functions." Fujumura, O. (ed.), 297-317.

Lisker, L. and A. S. Abramson (1964) "A cross-language study of voicing in initial stops: Acoustical Measurements." *Word* 20, 384-422.

Lombardi, L. (1995) "Laryngeal feature and privativity." *The Linguistic Review* 12, 35-59.

Martin, S. E. (1951) "Korean Phonemics." *Language* 27, 516-533.

Matisoff, J. A. (1973) "Tonogenesis in Southeast Asia." Hyman L. M. (ed.) *Consonant types and tone* (Southern California Occasional Paper in Linguistics 1), 71-95.

Oh, E. (2011) "Effects of speaker gender on voice onset time in Korean stops." *Journal of Phonetics* 39, 59-67.

Oh, M. (1998) "The prosodic analysis of intervocalic tense consonant lengthening in Korea." D. Silva (ed) *Japanese/Korean linguistics* 8, 317-330.

Oh, M. (2001) "Focus and Prosodic Structure." *Korean Journal of Speech Sciences* 8(1), 21-32.

Oh, M. and J. Keith (1997) "Phonetic Study of Korean Intervocalic Laryngeal Consonant." *Korean Journal of Speech Sciences* 1, 83-101.

Palmer, M. J. (1993) *ANATOMY for Speech and Hearing,* 4th Edition. Williams & Wikins. (田邊等・三田地真実訳 (2001)『ことばと聞こえの解剖学』学苑社)

Park, H. (1999) "The phonetic nature of the phonological contrast between the lenis and fortis fricatives in Korean." *Proceedings of the 14th international congress of Phonetic science* (International Congress of Phonetic Sciences 99), vol. 1, 424-237. San Francisco.

Pierrehumbert, J. (1980) The Phonetics and Phonology of English Intonation. MIT dissertation.

Pierrehumbert, J. and M. Beckman (1988) *Japanese Tone Structure.* Cambridge, Massachusetts: MIT Press.

Sawashima, M., S. Niimi and S. Horiguchi (1998) "Expiratory Lung

Pressure, Airflow Rate, and Vocal Intensity: Data on Normal Subjects." *Vocal Fold Physiology* 2, 415-422.

Shimizu, K.(1996) *A Cross-language Study of Voicing Contrasts of Stop Consonants in Asian Languages*. Tokyo: Seibido.

Silva, D.(1993) "A Phonetically Based Analysis of [Voice] and [Fortis] in Korean." *Japanese/Korean Linguistics* 2, 164-174.

Silva, D.(2006a) "Variation in voice onset time for korean stops." *Korean Linguistics* 13, 1-16.

Silva, D.(2006b) "Acoustic evidence for the emergence of tonal contrast in contemporary Korean." *Phonology* 23, 287-308. Cambridge: Cambridge University Press.

Silvaman, D. and S. Jun(1996) "Aerodynamic evidence for articulatory overlap in Korea." *Phonetica* 51, 210-220.

Stevens, K.(1999) *Acoustic phonetics.* Cambridge, Massachusetts: MIT Press.

青山秀夫(1977)「朝鮮語の音声象徴」『言語』6(10), 26-33. 大修館書店.

李永秀・大山玄(1999)「韓国語の濃音、激音、平音に関する2, 3の検討」『音声言語』V, 19-37.

岩井亮雄(2014)「韓国語の語中母音間での平音・濃音・激音の発音に関する音響音声学的研究」『東京大学言語学論集』35, 105-124.

宇都木昭(2009)「日本語と朝鮮語の破裂音―音響音声学的研究の概観―」『北海道言語文化研究』7, 11-27.

梅田博之(1965)「朝鮮語のソナグラム」『名古屋大学文学部研究論集』37, 41-89.

梅田博之(1973)「朝鮮語と日本語」『朝鮮学報』69, 29-41.

梅田博之(1997)「韓国語の平音・激音・濃音について」『日本語教育論文集―小出詞子先生退職記念―』凡人社

梅田博之・梅田規子(1965)「朝鮮語の「濃音」の物理的性質」『言語研究』48, 23-33.

鏑木時彦(2012)「日本語、中国語、朝鮮語における破裂子音生成の特徴

分析」『日本音響学会誌』68(5), 213-223.
郡史郎（1989）「強調とイントネーション」『講座日本語と日本語教育2
　　　日本語の音声・音韻（上）』, 361-342. 明治書院.
郡史郎（1997）「日本語のイントネーション―型と機能―」『日本語音声2
　　　アクセント・イントネーション・リズムとポーズ』, 169-202. 三省堂.
古閑恭子（2004）「日本語を母語とする韓国語学習者による韓国語の平音・
　　　濃音・激音の発音と聴き取り―聴き取りテストの結果をもとに―」『東
　　　京成徳大学研究紀要』11, 39-50.
佐藤大和（1974）「ピッチパタンと音韻の関連に関する二・三の検討」『日
　　　本音響学会研究発表会講演論文集』, 435-436.
朱春躍（1994）「中国語の有気・無気子音と日本語の無声・有声子音の生
　　　理的・音響的・知覚的特徴と教育」『音声研究』205, 34-62.
朱春躍（2010）『中国語・日本語音声の実験的研究』, くろしお出版.
城生佰太郎・福盛貴弘・斎藤純男 編（2011）『音声学基本事典』, 勉誠出版.
高田三枝子（2004）「日本語の語頭の有声歯茎破裂音/d/における+VOT
　　　化と世代差」『音声研究』8(3), 57-66.
高田三枝子（2011）『日本語の語頭閉鎖音の研究』, くろしお出版.
武田誠・二郷美帆・益子幸江（1999）「韓国語における歯茎摩擦音の平音
　　　と濃音に関する音響音声学的研究―語頭および語中で音節末子音が先
　　　行する場合―」『音声研究』3(2), 51-71.
長渡陽一（2003）「朝鮮語ソウル方言の音節頭子音と名詞の音調形」『音声
　　　言語』7(2), 114-128.
二郷美帆・武田誠・益子幸江（2005）「韓国語における歯茎摩擦音の平音
　　　と濃音に関する音響音声学的研究（2・完）―語中で母音間の場合お
　　　よびその他の場合との総括―」『音声研究』9(1), 60-72.
野間秀樹（1990）「朝鮮語のオノマトペ―擬声擬態語の境界画定、音と形式、
　　　音と意味について―」『学習院大学言語共同研究所紀要』13, 24-47.
朴恵淑（1982）「韓国語の音節末内破音の口頭調節―ファイバースコープ
　　　および筋電図による観察―」『朝鮮学報』104, 25-60.

参考文献

韓喜善（2010）「韓国語ソウル方言における初級および上級日本人学習者による濃音の発音の特徴―歯茎摩擦音の場合―」『大阪大学言語文化学』19, 15-28.

韓喜善（2011）「韓国語ソウル方言の語中摩擦濃音に対する母語話者と日本人学習者の知覚判断―摩擦区間と先行母音長が与える影響を中心に―」『音声研究』15(2), 11-22.

韓喜善（2013）『韓国語ソウル方言の語頭および語中の母音間における平音・激音・濃音の実験音声学的研究』博士学位論文, 大阪大学大学院言語文化研究科.

韓喜善（2016a）「"breathy voice", "creaky voice"の音声学的特徴―韓国語ソウル方言における平音・激音・濃音への適用の妥当性について―」『音声言語の研究』10, 13-22.

韓喜善（2016b）「初級および上級学習者による語頭平音・激音・濃音の知覚判断―子音部の影響について―」『音声言語』VII, 13-30.

韓喜善（2016c）「韓国語ソウル方言の平音・激音・濃音の先行母音および後続母音における高さ, 強さ, フォルマントの時間的変化」『音声研究』20(2), 1-22.

廣谷定男（2014）「母音のフォルマント分析―過程と仮定を知る―」『日本音響学会誌』70(10), 538-544.

閔光準（2007）「韓国人日本語学習者の発話に見られる促音挿入の生起要因」『音声研究』11(1), 58-70.

English Summary
A phonetic study of lax, aspirated, tense consonants in Seoul Korean

This book is a publication of my doctorate thesis in which I conducted comprehensive study examining the acoustic features and perception cues of lax, aspirated, tense consonants as distinguished by native speakers of Seoul Korean. Although acoustic features of these consonants have been examined individually in previous studies, this is a comprehensive study investigating those acoustic features that attract attention as perceptual cues from the voice data provided by six participants.

In acoustic analyses, the test words of lax, aspirated, tense on initial position are /taka/, /tʰaka/, /t'aka/, /tsaka/, /tsʰaka/, /ts'aka/, /saka/, /s'aka/. Intervocalic positions are /ata/, /atʰa/, /at'a/, /atsa/, /atsʰa/, /ats'a/, /asa/, /as'a/. Only the first syllable is analyzed in the case of the test words on initial position. There are 10 repetitions for each test word. The total voice data consists of 3840 tokens (6 people x 16 test words x 10 repetitions x 4 carrier sentences). For the perception test, the stimuli consist of lax, aspirated, and tense in initial position (/ta/, /tʰa/, / t'a/, /tsa/, /tsʰa/, /ts'a/, /sa/, /s'a/) and intervocalic position (/ata/, /atʰa/, /at'a/, /atsa/, /atsʰa/, /ats'a/, /asa/, /as'a/). There are a total of ten or twelve participants, although the experiment in Chapter 5 consists of five participants.

Chapter 1 give a review of previous literature on Korean lax, aspirated, tense consonants. I come to the conclusion that despite many studies conducted from a variety of viewpoints, it is still not clear which phonetic features influence the judgement of the consonants.

In the following chapters, I re-examined the features which have been the candidates in the previous studies. Chapters 2 and 3 examine the consonant portions, and Chapters 4, 5, 6 and 7 examine the vowel portions. Finally, Chapter 8 contains a conclusion of this study.

Chapter 2 Consonant portion1: Introduction of the RVOWT

Chapter 2 begins with an introduction of the "release to vowel onset time" (hereafter, RVOWT) concept, and its application when examining lax, aspirated, and tense consonant portions of stops and affricates. The advantage of applying the RVOWT is that both initial and also intervocalic positions can be examined on the same scale, while VOT is limited to only the initial position.

For the initial position, RVOWT for aspirated and lax consonants are longer than tense consonants, while there is no significant difference between aspirated and lax. For the intervocalic position, RVOWT for aspirated consonants is longer than others. RVOWT for lax and tense consonants are equally short and show no significant difference.

A perception test was conducted to determine the influence of the RVOWT. The stimuli consisted of a variety of sounds transformed from the 16 words, as described earlier. The RVOWT of stops and affricates was gradually extended and contracted at the initial position. In order to determine whether attention is placed on the consonant portion or the vowel portion, cross-sliced stimuli were formed by replacing the RVOWT and vowel portions of each test word in both initial and intervocalic positions. Additional stimuli were formed by deleting the RVOWT in the test words. Participants were requested to listen to the stimuli and judge whether they recognized the sounds as lax, aspirated, or tense.

Results from the judgment tests found that the participants paid no attention to the RVOWT, only paying attention to the vowels that followed. A possible explanation is the change in the phonetics of VOT in Seoul Korean (Silva 2006a, b). According to Silva (2006a, b) and other previous studies, the influence of the VOT has weakened over the past half century in Korean. Consequentially, the perceptual cues have shifted from being in the VOT to being in the following vowel. However, for the intervocalic position, it was found that the RVOWT contributes to the distinction of tense or lax consonants as part of the consonant portion, although this effect is small. A perceptual test for fricative consonants was also conducted. Cross-sliced stimuli were formed by replacing consonant portions (fricative sections) and vowel portions of each test word in both initial and intervocalic positions. Results from the recognition testing of the stimuli in initial position found that the participants paid no attention to the consonat portion, and only payed attention to the vowels that followed. However, for the intervocalic position, it was found that the consonant portion contributes to the distinction of non-tense or tense consonants, although this effect is insufficient for the judgment of consonants. The results found that following vowel portions were more important than consonants.

Chapter 3 Consonant portion 2: Closure duration and length of fricative

Regarding stops and affricates, the closure duration for tense and aspirated consonants are longer than lax consonants both initial and also intervocalic positions. Closure duration differences are more apparent in the intervocalic position rather than the initial. Regarding fricatives, in the case of intervocalic position, length of fricative for tense consonants is longer than non-tense consonant. On the other hand, in the case of initial position, length of fricative non-tense and tense consonants are equal and show no significant difference.

Perception tests were conducted to examine the affect of closure duration (stops, affricate) and length of fricative (fricative) in the recognition of the intervocalic lax, aspirated, and tense consonants. Regarding stops and affricates, the stimuli consisted of a serious of sounds transformed from lax words (/ata/, /atsa/) and tense words (/at'a/, /atsa'/). Results showed that the closure duration had significant influence on recognition between lax and tense consonants. Furthermore, the recognition rate of the tense consonant was found to increase when the closure duration was prolonged. However, for the stimuli consisting of sounds transformed from aspirated words (/at^{h}a/, /ats^{h}a/), the results showed that the closure duration had no influence on the recognition, and sounds were recognized as aspirated. Regarding fricatives, the length of fricative had a significant influence on the recognition between non-tense and tense consonants. The recognition rate of the tense consonant was found to increase when the length of the fricative section increased. However, for the stimuli consisting of sounds transformed from non-tense words (/asa/), recognition as tense did not exceed 50%. In other words, the length of fricative alone is insufficient for the judgment of consonants.

Similarly, focus was placed on following vowels, to determine whether or not consonant portions have an influence on perception, and the degree of that influence. The stimuli were formed by deleting each preceding vowel in the eight intervocalic test words (/ata/, /at^{h}a/, /at'a/, /atsa/, /ats^{h}a/, /ats'a/, /asa/, /as'a/). Participants were requested to listen to the stimuli consisting of the second syllable alone and perform the consonant recognition. Results from the recognition testing of the stimuli found that the participants correctly judged the aspirated and tense consonants, while lax consonants were judged as tense consonants. This showed that although there are three differing vowels perceivable in the initial position, for the intervocalic position there are only two perceivable vowel groups. Therefore, it can be concluded that for the intervocalic position, unlike the initial position, consonant portion is involved as a perception cue in judgment. Thus, although the influence of the following vowel is lesser in the intervocalic position when compared to the initial position, the effect of following vowel is still considerable. Regarding the fricative stimuli, the participants correctly judged both non-tense and tense consonants.

In Chapter 3, as with Chapter 2, it was made clear that a detailed examination of following vowels in lax, aspirated, and tense consonants was necessary. Chapter 4 begins analysis about the following vowel portion.

Chapter 4 Vowel portion 1: vowel length

Chapter 4 examines the affect of the length of vowels preceding and following lax, aspirated, and tense consonants. Vowel lengths differ according to the consonants surrounding them. Additionally, vowel length differences are more apparent in the initial position as opposed to the intervocalic position.

In the recognition test, stimuli consisted of a series of sounds transformed from eight base words, with vowel lengths shortened and lengthened in five to six stages. The results showed that vowel length had no influence on recognition, and the stimuli were recognized as their originals, regardless of the modifications. Therefore, it was clear that examination of other acoustic features (F0, intensity, F1, F2) besides vowel length in lax, aspirated, and tense consonants was needed.

Chapter 5 Vowel Portion 2: The vowel onset portion

Previous research has suggested that the differences in intensity build-up after voice onset and dB between the first and the second harmonic (H1–H2) in the vowel onset portion are particularly influential for distinguishing lax, aspirated, and tense consonants. Therefore, in the recognition test, stimuli were formed by deleting vowel onset portions (to the four periods) in the test words from both initial and intervocalic positions.

Results showed that for fricatives, the vowel onset portion had no influence on recognition. In the case of stops and affricates, it was found that the vowel onset portion contributes somewhat to the distinction of consonants, although this effect was not definitive. Moreover, the vowel onset portion effect was more apparent in the intervocalic position rather than the initial.

The results of acoustic analysis for original stimuli sounds found that H2 was stronger than H1 in the vowel onset portion (up to 20–30ms) for the tense consonants as reported in previous studies. However, from that point onwards, H2 was stronger than H1 regardless of the consonant type. Regarding intervocalic position, H1–H2(dB) showed no difference between consonants. Also, intensity build-up after voice onset showed no difference between consonants.

Consequently, the results found that the difference in intensity build-up after voice onset and H1–H2(dB) had no influence on recognition. Therefore, it was clear that besides vowel onset portion, examination of other acoustic features (F0, intensity, F1, F2) including all vowel portions in lax, aspirated, and tense consonants was necessary.

Chapter 6 Vowel Portion 3: Patterns of F0

Chapter 6 examines the affect of the F0 of vowels preceding and following lax, aspirated, and tense consonants. This section examines the F0 and patterns of F0 in all vowel portions preceding and following lax, aspirated, and tense consonants. Regarding stops and affricates, F0 was highest for aspirated and lowest for lax consonants, with tense consonants being in the middle, for both initial and also intervocalic positions. F0 differences are more apparent in the initial position rather than the intervocalic, and consequently the recognition test was conducted with focus on initial position. Regarding fricatives, the F0 for non-tense and tense consonants are equal and showed no significant difference.

Although the patterns of F0s differ according to the consonants surrounding them, there were no noticeable features like rising and falling. Thus, it is reasonable to believe that the patterns of F0 have no influence on consonant judgment because of subtle angles of inclinations.

The recognition test solely examined the influence of F0. In order to verify the effect of F0, F0 values were manipulated. F0 values for the lax consonants (/ta/, /tsa/), which showed the lowest F0 value in the production test, were raised to match the aspirated F0. In contrast, the aspirated consonants (/tʰa/, /tsʰa/) F0, which showed the highest F0 value in the production test, were lowered to match the lax F0. F0 values for the tense consonants (/t'a/, /ts'a/), which showed an intermediate-high F0 value in the production test, were manipulated to match either the highest F0 value for aspirated or the lowest value for lax F0. In cases of non-tense and tense for fricatives, stimuli F0 were manipulated in two stages (180Hz and 300Hz).

The results showed that stimuli were judged as aspirated virtually 100% of the time when lax (/ta/, /tsa/) F0 was high. When aspirated consonants (/tʰa/, /tsʰa/) had low F0 there was a tendency for lax judgments. Consequently, it is concluded that F0 is a major cue for judging lax and aspirated consonants. Regarding stimuli constructed from tense consonants (/t'a/, /ts'a/), F0 had no significant influence on recognition. Also, in the case of stimuli consisting of fricatives (/sa/, /s'a/), F0 had no significant influence on recognition.

This result was not consistent with previous studies which examined F0 influence and the degree of influence on perception. A possible explanation is the change in the phonetics of VOT in Seoul Korean (Silva 2006a, b), as mentioned concerning RVOWT (Chapter 2). This suggests that changes in lax, aspirated, tense consonants extend to both preceding and following vowel.

Chapter 7 Vowel Portion 4: Patterns of intensity and formants (F1, F2)

Following the need indicated in the previous chapter for examination beyond the limited part of following vowel, this chapter examines the patterns of intensity and formants (F1, F2) in vowels preceding and following lax, aspirated, and tense consonants.

The results of acoustic analysis found that the patterns of F1 in the following vowels differ among lax, aspirated, and tense consonants in both the initial and intervocalic positions. F1 for tense consonants of stops (/t'a/, /at'a/), affricates (/

ts'a/, /ats'a/), and fricatives (/s'a/, /as'a/) differ from those in the other consonants. F1 of the tense consonants indicate a sharp rise in the first half of the following vowels from a low starting point. Although F1 in the lax consonants indicate a sharp fall from a high starting point in all of the following vowels such as aspirated consonants in the initial position, a sharp rise from a low starting point in the first half of the following vowels was observed in tense consonants in the intervocalic position. The differences between F1 patterns were more apparent in the initial position rather than in the intervocalic. No significant differences between consonants were observed for F2 patterns.

For patterns of intensity, there was no significant difference between consonants. Thus, the intensity in all vowel portions preceding and following lax, aspirated, and tense consonants were examined. Following vowels in particular were reported on. For the initial position, intensity for tense consonants were stronger than aspirated and lax consonants, while there was no significant difference between aspirated and lax. For the intervocalic position, intensity for tense and lax consonants was stronger than aspirated. Intensity for lax and tense consonants were equally strong. Regarding fricatives, intensity for tense consonants was stronger than for non-tense consonants in both initial and intervocalic positions.

Chapter 8 Conclusion

From the previous chapters (2–6) the following three points were made clear concerning the recognition cues of lax, aspirated, and tense consonants. (1) F0 is considered to be a major cue for lax and aspirated consonants, particulary in initial position. (2) Closure duration had significant influence on recognition between lax and tense consonants in intervocalic position. (3) Although the length of fricatives alone was insufficient for the judgment of consonants, the length of fricatives had a significant influence on recognition between non-tense and tense consonants.

However, it is not clear what perception cues facilitate differentiation between tense and lax, tense and aspirated for both stops and affricatives, and non-tense and tense for fricatives in the initial position. Also, it is not clear what perception cues facilitate differentiation between aspirated and lax, aspirated and tense in stops and affricatives, and non-tense and tense in fricatives in the intervocalic position. The analysis from Chapter 7 therefore suggests that the patterns of F1 and intensity in following vowels will influence the perception judgments of consonants.

This study suggests that there is a need for further research that is not only limited to focusing on the vowel onset (H1–H2) and consonant (VOT, closure duration, length of fricative). The F0 and intensity and patterns of F1 in all vowels following lax, aspirated, and tense consonants influence the judgement of these consonants in Korean.

索 引

A–Z

Benjamini-Hochberg 法　25, 28, 38, 41, 51, 56, 58, 67, 81, 90, 91, 101, 111, 112
F0（基本周波数）　7, 91, 93–95, 97, 101–103
F0 の時間的変化　91, 95, 103
F1　120–126
F1 の時間的変化　120
F2　122, 124, 125, 127
Praat　24
RVOWT（Release to Vowel Onset Time）　19, 21, 22, 25–28, 32, 33, 41–43, 46–48
t 検定　25, 51, 67, 90, 91, 111, 112
VOT（Voice Onset Time）　7, 19–22, 27, 46, 47

あ

アクセント　8
オノマトペ　5
音環境　16, 22
音響音声学的　7

か

回帰係数　91, 111, 112
学習者　10
学習レベル　13
キャリア文　9, 37
狭窄　113, 115, 121
激音　129–134
後続母音　36, 44, 46, 48, 60, 62, 63
後続母音長　67, 68, 70, 71, 74, 75
後続母音の開始部　79, 83–85
後続母音の強さの立ち上がり　77
後続母音部　35, 43
喉頭　113, 115
語感　5–7
呼気　113
呼気成分　42
古代朝鮮語　4
語中の母音間　44

さ

子音種　4
子音部　34, 36, 43, 62
子音部の全長　42, 43, 48
歯茎　4, 5
歯茎硬口蓋　4, 5
刺激音　30, 39, 57, 73, 80, 100
習得　13
声帯　113, 115, 117
性別間　9
声門　22, 113, 117

声門下圧　113, 115, 118
世代間　9
先行母音　63
先行母音長　69, 75

た

第1倍音と第2倍音の振幅の差　78, 79
多重比較　25, 28, 38, 41, 51, 56, 58, 67, 81, 90, 91, 99, 101, 111, 112
地域　7, 8
調音　116
調音音声学的　7
調音器官の緊張　122
調音時間　122
聴覚印象　44, 60, 62
聴覚音声学的　7
通時的　4, 9
テスト語　24
テスト文　24

な

軟口蓋　4, 5
濃音　129-134
濃音化　6

は

破擦音　4, 5
破裂音　4, 5
反復測定分散分析　28, 38, 56, 99
非濃音　4
ファイバースコープ　113
フィッシャーの直接確率検定（Fisher exact test）　32, 41, 58, 81, 100
フォーカス　15, 17
フォルマントの時間的変化　126
文の位置　14
平音　129-134
閉鎖区間長　42, 52, 53, 55, 58, 59
弁別　4
母音の強さ　112, 115, 117, 118, 126

ま

摩擦音　4, 5
摩擦区間　36
摩擦区間長　52, 53, 55, 58, 63
無意味語　37
無気音　2, 6
無声　2
無声音　24

や

有気音　6
有声音　1, 24
有声音化　2, 117, 124

ら

両唇　4, 5

わ

話速　13

韓 喜善（ハン ヒソン）

韓国ソウル出身。2012年、大阪大学大学院言語文化研究科博士後期課程単位取得退学。博士（2013年、言語文化学、大阪大学）。現在、大阪大学大学院言語文化研究科助教。専門は、音声学、韓国語学。

〈主要論文〉
- 「韓国語ソウル方言の語中摩擦濃音に対する母語話者と日本人学習者の知覚判断―摩擦区間と先行母音長が与える影響を中心に―」『音声研究』15(2)、11-22、2011.
- 「初級および上級学習者による語頭平音・激音・濃音の知覚判断―子音部の影響について―」『音声言語』VII、13-30、2016.
- 「韓国語ソウル方言の平音・激音・濃音の先行母音および後続母音における高さ、強さ、フォルマントの時間的変化」『音声研究』20(2)、1-22、2016.

韓国語ソウル方言の平音・激音・濃音の研究

発 行 日	2016年10月30日　初版第1刷　〔検印廃止〕
著　　者	韓 喜善
発 行 所	大阪大学出版会
	代表者　三成賢次
	〒565-0871
	大阪府吹田市山田丘2-7　大阪大学ウエストフロント
	電話：06-6877-1614（直通）　FAX：06-6877-1617
	URL　http://www.osaka-up.or.jp
印刷・製本	三美印刷株式会社

Ⓒ Heesun HAN 2016　　　　　　　　　　　　　Printed in Japan
ISBN 978-4-87259-564-2　C3087

Ⓡ〈日本複製権センター委託出版物〉

本書を無断で複写複製（コピー）することは、著作権法上の例外を除き、禁じられています。本書をコピーされる場合は、事前に日本複製権センター（JRRC）の許諾を受けてください。